Die Geschäftsbedingungen des Vereins zur Förderung des Hamburgischen Handels mit Kolonialwaren und getrockneten Früchten (Waren-Verein der Hamburger Börse) E. V.

auf Grund der Entscheidungen
des Schiedsgerichts, der Protokolle und
Akten des Vereins

erläutert

von

Dr. Otto Mathies
Rechtsanwalt
Syndikus des Waren-Vereins

L. Friederichsen & Co. / Hamburg / 1926

Druck von Lehmann & Bernhard, Schönberg (Mecklb.)

Herrn Richard Uszczek
zugeeignet

Abkürzungen.

E	=	Entscheidungen des Warenvereins-Schiedsgerichts 1900—1910 nebst einigen gerichtlichen Urteilen über die Zuständigkeit des Schiedsgerichts. Zusammengestellt von Dr. A. Kießelbach. Hamburg 1911. (Die jeweils in Klammern beigefügte Zahl zeigt das Jahr an, in dem die zitierte Entscheidung ergangen ist.)
M.V.	=	Mitgliederversammlung.
P.U.	=	Platzusanzen für den hamburgischen Warenhandel.
Vorst.	=	Vorstand.
W.V.	=	Waren-Verein.
W.V.B.	=	Waren-Vereins-Bedingungen.

N.B. Zitate, die nur eine Jahreszahl mit Seitenzahl ohne sonstigen Zusatz enthalten, beziehen sich auf den Bericht über das betreffende Vereinsjahr.

Vorwort.

Es mag auf den ersten Blick sonderbar anmuten, wenn eine Art von Kommentar zu den Geschäftsbedingungen eines so speziellen Handelszweiges wie desjenigen des Handels mit getrockneten Früchten und Gewürzen gebracht wird. Man mag bezweifeln, ob ein genügendes allgemeines Interesse besteht, um sein Erscheinen zu rechtfertigen. Und es mag ferner die Vermutung auftauchen, daß diese Geschäftsbedingungen wohl recht wenig klar und folgerichtig seien, wenn sie einer verhältnismäßig umfangreichen Erläuterung bedürfen.

Deshalb seien hier einige allgemeine Ausführungen gestattet, die die Entstehung und den Zweck der nachstehenden Arbeit erläutern.

Der Verein zur Förderung des hamburgischen Handels mit Kolonialwaren und getrockneten Früchten (Waren-Verein der Hamburger Börse) E. V. besteht seit dem Jahre 1900.[1]) Schon alsbald nach seiner Gründung schuf er sich eigene „Usanzen" und ein eigenes Schiedsgericht. Das haben nun auch eine Reihe anderer Fachvereine vorher und hinterher getan. Trotzdem sind die „Usanzen" des Waren-Vereins, wie er abgekürzt genannt wird, von besonderer Bedeutung geworden. Einesteils deswegen, weil sie als Grundlage für den Entwurf der „Platzusanzen für den hamburgischen Warenhandel" gedient haben, die die Handelskammer am 30. April 1904 an Stelle der alten, längst in Vergessenheit geratenen „Allgemeinen Usanzen beim Warenhandel" von 1853 bekanntmachte. Andererseits haben die „Usanzen" des Waren-Vereins aber auch für die Bedingungen einer Reihe anderer Handelszweige als Vorbild gedient, die ihnen mehr oder weniger, teilweise nahezu wörtlich, entsprechen. Das gilt vor allem von den Bedingungen des Drogenhandels, dessen Interessen bis zum Jahre 1920 der Waren-Verein mit vertreten hatte, und neuestens noch wieder von denjenigen des Fischkonserveneinfuhrhan-

[1]) Über die Geschichte des Vereins vergl. Mathies, 25 Jahre Verein zur Förderung des hamburgischen Handels mit Kolonialwaren und getrockneten Früchten (Waren-Verein der Hamburger Börse). E. V. 1900—1925, Hamburg 1925.

dels. Deshalb kann man wohl sagen, daß die Geschäftsbedingungen des Waren-Vereins, wie sie seit dem Jahre 1919 richtiger anstatt Usanzen heißen (vgl. hierzu S. 11) eine Bedeutung über den eigentlichen Kreis seiner Interessenten hinaus haben, und daß deshalb auch die Erläuterungen dazu, natürlich mutatis mutandis, für weitere Kreise von Belang sein dürften.

Nun hat von jeher ein nicht unerhebliches Interesse an der Auslegung der Bedingungen bestanden. Seit der Gründung des Waren-Vereins lag diese seinem Schiedsgericht ob, das nebenbei bemerkt in noch höherem Grade als seine Bedingungen für zahlreiche andere Fachvereine vorbildlich geworden ist. Schon im Jahre 1903 wurde in einer Mitgliederversammlung des Waren-Vereins der Wunsch geäußert, der Vorstand möge den Mitgliedern Kenntnis von den ergangenen Schiedssprüchen geben, und im folgenden Jahre wurde der Schiedsgerichtsordnung eine Bestimmung eingefügt, daß der Vorstand in längeren Zwischenräumen, je nach Vorliegen wichtiger Erkenntnisse, diese den Mitgliedern mitteilen solle. Erstmalig in dem Bericht über das Jahr 1903 und seither alljährlich hat der Vorstand die Entscheidungen des Schiedsgerichts, die allgemeines Interesse erwarten durften, als Anhang zu den Jahresberichten im Druck veröffentlicht. Auf besonderen Wunsch der Mitglieder stellte der damalige Syndikus des Vereins, Dr. A. Kießelbach, im Jahre 1911 die Schiedssprüche aus der Zeit der ersten zehn Jahre, 1900—1910, zusammen, und der Verein gab sie im Druck heraus.[2]) Diese Veröffentlichung fand bis in die neueste Zeit hinein lebhaftes Interesse und wurde, und zwar nicht nur von den Mitgliedern des Waren-Vereins, viel verlangt. Im Laufe der Zeit wurde der Wunsch laut, auch für die spätere Zeit eine Zusammenstellung zu erhalten. Als der Waren-Verein dem Tage seines 25jährigen Bestehens entgegenging, schien mir, der ich die letzten 11 Jahre als sein Syndikus tätig war, dieser Zeitpunkt als der gegebene, einer solchen Zusammenstellung näherzutreten. Allerdings konnte es sich diesmal nicht darum handeln, die Hunderte von Schiedssprüchen im Wortlaut abzudrucken, weil das zuviel Raum erfordert hätte und auch sonst unnötig erschien, denn eine kurze Wie-

[1]) Entscheidungen des Warenvereins-Schiedsgerichts 1900—1910 nebst einigen gerichtlichen Urteilen über die Zuständigkeit des Schiedsgerichts. Zusammengestellt von Dr. A. Kießelbach, Hamburg 1911.

dergabe des wesentlichen Inhaltes konnte als ausreichend angesehen werden. Hinzu kam aber, daß ich damals für die schon im Vorstehenden erwähnte Geschichte des Waren-Vereins ohnehin die ausführlichen und vollständig erhaltenen Protokollbücher und Akten des Vereins durcharbeiten mußte und darin manches fand, was die Entstehungsgeschichte und die Bedeutung der einzelnen Bedingungen betraf, und daß gleichzeitig bei der Entscheidung einiger Schiedsgerichtsfälle der bei der Schaffung einer Bestimmung verfolgte Zweck eine gewisse Rolle spielte. So kam ich dazu, auch die geschichtliche Entwicklung der einzelnen Paragraphen zu verfolgen und festzustellen. Alles dies und das Streben, die Entscheidungen möglichst systematisch und übersichtlich zu ordnen, führte dazu, den Stoff in Anlehnung an die einzelnen Paragraphen zu gliedern. Damit bot sich die Möglichkeit, jeweils auch solches Material zu verwerten, das sich in Gutachten des Vorstandes an die ordentlichen Gerichte und an die Handelskammer vorfand. Schließlich habe ich auch noch solche Fragen kurz berührt, die mir in meiner langjährigen Tätigkeit häufiger unterbreitet sind, auch wenn über sie nicht gerade Schiedssprüche veröffentlicht sind. Ich habe dabei immer das Bestreben obwalten lassen, nur solches zu bringen, was mir als Ansicht der Fachkreise und vor allem der Schiedsrichter bekannt ist. Wo ich mit meiner eigenen Meinung hervortreten zu müssen glaubte, habe ich das an den betreffenden Stellen kenntlich gemacht.

So ist die vorliegende Arbeit entstanden, und so ist es auch zu erklären, wenn sie an manchen Stellen einen kasuistischen Charakter trägt. Denn ich habe es nicht für meine Aufgabe halten können, einen erschöpfenden Kommentar zu schreiben, der dann mehr oder weniger ein solcher des Handelsrechtes hätte sein müssen. Deshalb, und weil sich die Arbeit in erster Linie an die Kaufmannschaft wendet, habe ich auch grundsätzlich auf alles juristische Beiwerk, wie z. B. Anführung von Reichsgerichtsentscheidungen u. dgl., verzichtet.

Und noch einen anderen Gesichtspunkt habe ich bei der Arbeit im Auge gehabt. Ich habe schon einmal an anderer Stelle[1]) darauf hingewiesen, wie verschieden sich in den einzelnen Handelszweigen nach ihren besonderen Bedürfnissen und nach den Beziehungen zu den

[1]) Die Entwicklung der Hamburger Arbitrage und ihre Stellung im Weltverkehr in Zeitfragen des Wirtschaftsrechts, Beilage des Wirtschaftsdienst, 1924 Nr. 1.

Ländern, mit denen sie vorwiegend arbeiten, die ursprünglichen Handelsbräuche abgewandelt haben, so daß häufig mit denselben Worten in den verschiedenen Handelszweigen ganz verschiedene Bedeutungen verbunden werden. Es würde nicht nur juristisch, sondern auch wirtschaftsgeschichtlich sehr anregend sein, dieser Erscheinung einmal im einzelnen nachzugehen. Voraussetzung für die Möglichkeit, dies zu tun, ist aber, daß für die einzelnen Handelszweige entsprechende Vorarbeiten gemacht werden. So soll diese Arbeit für den Handel mit getrockneten Früchten und Gewürzen gleichzeitig einen bescheidenen Beitrag in dieser Richtung darstellen, und sie wird unter diesem Gesichtspunkt vielleicht auch über den Kreis des eigentlichen Fachhandels hinaus ein gewisses Interesse finden.

Den Herren Richard Uszczek, Joh. Blohm, Ludwig Brady, August Liessem und Paul Richter habe ich dafür zu danken, daß sie die Korrektur durchgesehen und mich durch Hinweise unterstützt haben, den Herren Dr. Grimm und Ref. Hanfft für das Lesen der Korrektur.

Hamburg, im Oktober 1925.

O. Mathies Dr.

Einleitung.

1. Die Entstehung der Geschäftsbedingungen des Waren-Vereins.

Schon bei der Gründung des Waren-Vereins im Jahre 1900 wurde als einer der hauptsächlichen Zwecke die Schaffung eigener Usanzen bezeichnet. Wohl gab es sowohl für den Handel mit getrockneten Früchten und Gewürzen[1]) als auch für den Handel mit Drogen Usanzen, die von der Handelskammer am 15. 6. 1886 bzw. am 30. 5. 1884 bekanntgemacht waren. Aber diese galten in den beteiligten Kreisen als veraltet und ungenügend. Eine in der Gründungsversammlung des Waren-Vereins eingesetzte, achtgliedrige Kommission arbeitete deshalb an Hand eines von C. Pantaenius aufgestellten Entwurfes unter Mithilfe des Syndikus der Handelskammer und ersten Syndikus des Vereins, Dr. C. Gütschow, völlig neue Usanzen aus, die sowohl für den Handel mit getrockneten Früchten und Gewürzen als auch für den Handel mit Drogen gelten sollten und den Besonderheiten der beiden Zweige dadurch Rechnung trugen, daß einzelne Bestimmungen nur für den einen oder anderen Zweig Geltung haben sollten[2]). Schon im Januar 1901 wurde dieser Entwurf mit geringen Änderungen verabschiedet und der Handelskammer zur Veröffentlichung überreicht. Die Handelskammer forderte in der Presse auf, etwaige Bedenken zur Sprache zu bringen. Das geschah von einer Reihe von Drogenfirmen, doch ergab sich bei einer daraufhin von der Handelskammer einberufenen Versammlung, daß der Grund der Bedenken in einem Mißverständnis über die Bedeu-

---

[1]) Nur Gewürze sind unter den „Kolonialwaren", wie sie in dem Namen des Waren-Vereins genannt sind, zu verstehen.

[2]) Daß getrocknete Früchte, Gewürze und Drogen in dem Waren-Verein zusammengefaßt waren, ging darauf zurück, daß ursprünglich diese Handelszweige eng miteinander verbunden gewesen waren und auch nach der eintretenden Spezialisierung Gewürze sowohl von Firmen, die sonst nur den Handel mit Drogen, als auch von solchen, die sonst nur den Handel mit getrockneten Früchten pflegten, gehandelt wurden. Näheres vgl. in meiner im Vorwort erwähnten Schrift: 25 Jahre usw. S. 8 ff.

tung einzelner Bestimmungen bestand, nach deren Aufklärung der Einspruch fallen gelassen wurde. Nach dieser Klarstellung brachte die Handelskammer dann die Usanzen durch Bekanntmachung vom 15. 6. 1902 zur öffentlichen Kenntnis unter gleichzeitiger Aufhebung der Veröffentlichung der alten Usanzen von 1884 und 1886 [Amtsbl. 263].

Natürlich zeigte sich in der Praxis, daß die Usanzen in ihrer ersten Fassung noch in einer Reihe von Punkten verbesserungsfähig waren, und so wurden in den ersten Jahren nach und nach verschiedene Änderungen beschlossen. Gleichwohl erwiesen sich aber die Usanzen im ganzen als eine wohlgelungene und für den Handel segensreiche Arbeit, so daß sie, wie bereits im Vorwort erwähnt wurde, als Grundlage für den Entwurf der Handelskammer für die „Platzusanzen für den hamburgischen Warenhandel" dienten. Diese Platzusanzen sollten für solche Geschäfte zur Anwendung kommen, für die besondere Usanzen eines einzelnen Handelszweiges nicht in Betracht kamen. Sie wurden am 30. 4. 1904 bekanntgemacht. Sie wichen in ihrer endgültigen Fassung in einer Reihe von Punkten, teils nur im Wortlaut, teils auch sachlich, von den ihnen als Vorbild dienenden Usanzen des Waren-Vereins ab. Man hielt es nun für wünschenswert, die letzteren in eine möglichst enge Übereinstimmung mit den Platzusanzen zu bringen und nahm deshalb eine Neubearbeitung unter diesem Gesichtspunkte vor. Die so entstandene Neufassung wurde von der Handelskammer am 28. 4. 1905 bekanntgemacht [Amtsbl. 171]. Nur in einigen wenigen Punkten hatte man bewußt von einer völligen Angleichung an die Platzusanzen abgesehen, weil man bezüglich dieser deren Bestimmungen mit den besonderen Bedürfnissen des Fachhandels für unvereinbar hielt. Außerdem bestanden natürlich insoweit erhebliche Abweichungen, als die Waren-Vereins-Usanzen wesentlich mehr ins einzelne gehende Bestimmungen enthielten, als dies bei den ja für den gesamten Handel geltenden und sich deshalb auf allgemeine Grundsätze beschränkenden Platzusanzen der Fall sein konnte. Immerhin haben die Entscheidungen des Waren-Vereins-Schiedsgerichts zu den Vereins-Usanzen auch für die Auslegung der Platzusanzen, soweit beide sich entsprechen, Bedeutung gewonnen. Deshalb ist auch in dieser Arbeit jeweils hervorgehoben, ob und inwieweit die Platzusanzen entsprechende Bestimmungen enthalten.

Auch nach der Neufassung des Jahres 1905 sind gelegentlich einzelne Änderungen der Usanzen erfolgt, auf die einzugehen in diesem allgemeinen Überblick unterlassen werden kann, da sie bei der Erörterung der einzelnen Paragraphen vermerkt sind. Hervorzuheben ist dagegen eine Reihe von Änderungen, die im Jahre 1908 nicht ohne wesentliche Kämpfe und lange Beratungen beschlossen wurden und neben anderen vor allem die Einführung der gegenseitigen Verrechnung nach Kontrakt- und Marktpreis im Falle der Wandelung wegen Überschreitung der Minderwertshöhe (heutiger § 21) betrafen. Im Anschluß hieran erfolgte eine abermalige Neuparagraphierung und erneute Bekanntmachung durch die Handelskammer am 6. 8. 1909 [Amtsbl. 407].

Während des folgenden Jahrzehntes wurden nur geringfügige Änderungen vorgenommen. Während des Krieges ergaben sich zwar manche, durch die außerordentlichen Verhältnisse hervorgerufene Zweifelsfragen, und es wurde deshalb mehrfach aus den Kreisen der Mitglieder die Änderung einzelner Bestimmungen beantragt. Während der Dauer des Krieges wurde jedoch von einer Beschlußfassung hierüber abgesehen. Erst nach seiner Beendigung ging man im Jahre 1919 daran und machte nunmehr ganze Arbeit, indem man sich nicht auf die Änderung einzelner Paragraphen beschränkte, sondern die Usanzen einer den veränderten Verhältnissen entsprechenden, völligen Neubearbeitung unterzog. Diese erfolgte gemeinsam mit dem im Jahre 1918 gegründeten Verein der am Großhandel mit Drogen und Chemikalien beteiligten Firmen der Hamburger Börse (Drogen-Verein), der eine Art von Konkurrenzunternehmen gegen den damals die Drogenfirmen mit umfassenden Waren-Verein darstellte. Nach eingehender Beratung in mehreren Kommissionen wurden die Usanzen in ihrer neuen Fassung am 1. 7. 1920 verabschiedet. Sie galten nunmehr gemeinsam als solche des Waren-Vereins und des Drogen-Vereins. Dabei ist besonders hervorzuheben, daß ihre Bezeichnung diesmal geändert wurde, indem sie jetzt nicht mehr „Usanzen", sondern „Geschäftsbedingungen" lautete. Dies geschah aus der richtigen Erwägung heraus, daß Usanzen im Sinne dieses Wortes nicht einfach beschlossen werden können, sondern solche erst dadurch werden, daß sie infolge allseitiger Auffassung der beteiligten Kreise durch Übung zu einem Handelsbrauch werden. Die Handelskammer machte am 5. 8. 1920 die Geschäftsbedingungen wiederum bekannt [Amtsbl. 1047].

Das Nebeneinanderbestehen des Waren-Vereins und des Drogen-Vereins, die beide die Interessen des Drogenhandels vertraten, und zu deren jedem sich ein Teil der Drogenfirmen hielt, führte auf die Dauer zu Unzuträglichkeiten. Deswegen beschränkte sich der Waren-Verein im November 1920 unter entsprechender Änderung seiner Satzungen auf die Vertretung der Interessen des Handels mit Kolonialwaren und getrockneten Früchten. Damit ergab sich die Notwendigkeit, die bisher in den Geschäftsbedingungen enthaltenen Sonderbestimmungen für den Drogenhandel zu beseitigen und die Sonderbestimmungen für den Kolonialwarenhandel zu verallgemeinern. Dies geschah im März 1921. Die dadurch geschaffene Fassung der Geschäftsbedingungen wurde von der Handelskammer am 29. 9. 1921 (Amtl. Anz. 1750) bekanntgemacht.

Seither sind wesentliche Änderungen nicht mehr erfolgt. Nur der heutige § 41 a ist infolge der Inflation im Dezember 1921 eingefügt und im Jahre 1925 sind noch einige Ergänzungen von Bestimmungen über Abladungsgeschäfte erfolgt, da die Fassung von 1920 bzw. 1921 noch den damaligen, nach dem Kriege noch nicht wieder zu der früheren Intensität gelangten Verkehrsverhältnissen Rechnung trug, und jetzt wieder schärfere Anforderungen gestellt werden konnten, und ist ferner die sehr wichtige Neuerung im § 39 vorgenommen, daß auch nach Eintreffen des Dampfers angediente Dokumente stets aufgenommen werden müssen.

2. Der Geltungsbereich der Geschäftsbedingungen des Waren-Vereins.

Im Vorstehenden ist schon davon die Rede gewesen, daß die Geschäftsbedingungen nicht ohne weiteres als Usanzen anzusehen sind. Daraus folgt, daß sie nicht schlechthin gelten, wenn ihre Geltung nicht besonders vereinbart ist.

In der ganz überwiegenden Mehrzahl der Fälle besteht über die Geltung der Bedingungen kein Zweifel, weil die Schlußnoten oder die Verkaufsbestätigungen regelmäßig durch einen entsprechenden Vermerk zum Ausdruck bringen, daß das Geschäft nach Waren-Vereins-Bedingungen abgeschlossen ist. Dies geschieht gelegentlich auch dann, wenn es sich um Geschäfte in Waren handelt, die nicht gerade zu den getrockneten Früchten und Gewürzen gehören, so z. B. Reis, frische Apfelsinen u. dgl., für welche Artikel sonst andere Bedingungen gelten.

In diesen Fällen sind dann aber, weil ausdrücklich vereinbart, die Waren-Vereins-Bedingungen maßgebend [1921. 13].

Gelegentlich ist in der Schlußnote oder der Verkaufsbestätigung nur die Klausel „Waren-Vereins-Arbitrage und -Schiedsgericht", nicht aber ein Hinweis auf die Bedingungen enthalten. Dann ist die Anwendbarkeit der letzteren nicht ohne weiteres gegeben. Sie folgt insbesondere auch nicht aus dem § 42, denn dieser bringt nur zum Ausdruck, daß die Geltung der Bedingungen automatisch die Zuständigkeit des Waren-Vereins-Schiedsgerichts und der Waren-Vereins-Arbitrage mit sich bringt, während es an einer entsprechenden Bestimmung umgekehrter Folgerung fehlt [1921. 12, 1922. 10].

Es entsteht also in diesem Falle dieselbe Frage wie wenn überhaupt der Waren-Verein in der Bestätigung des Abschlusses nicht erwähnt ist. Hier kommt die Möglichkeit in Betracht, ob etwa die Bedingungen des Waren-Vereins nach allseitiger Auffassung der beteiligten Kreise durch Übung zu Handelsbräuchen geworden sind. Würde dies nicht der Fall sein, so würden, wenigstens im Verhältnis zwischen zwei Hamburger Firmen, die Platzusanzen zur Anwendung kommen. Klar ist der Fall dann, wenn, wie das gelegentlich vorkommt, auf den benutzten, vorgedruckten Formularen der auf die Geltung der Waren-Vereins-Bedingungen bezügliche Vordruck durchstrichen ist, denn dadurch ist unzweideutig zum Ausdruck gebracht, daß die Parteien diese für den Einzelfall haben ausschließen wollen [1922. 10. vgl. auch E 21 (1908)].

Ist dagegen ein solcher ausdrücklicher Ausschluß nicht erfolgt, so kommt es darauf an, wie weit sich die Bedingungen des Waren-Vereins durchgesetzt haben. Tatsächlich sind sie weitgehendes Allgemeingut des Fachhandels geworden, und die Handelskammer hat gelegentlich in Gutachten die eine oder andere gerade für den Einzelfall in Betracht kommende Bestimmung als den Handelsbrauch des Fachhandels darstellend bezeichnet. Man kann jedenfalls also soviel sagen, daß die Waren-Vereins-Bedingungen zur Ergänzung der Platzusanzen heranzuziehen sind. Darüber hinaus aber wird man anzunehmen haben, daß sie dann vollen Umfanges gelten, wenn es sich um ein Geschäft zwischen zwei Mitgliedern des Waren-Vereins handelt, auch wenn ihre Geltung nicht ausdrücklich vereinbart, andererseits aber auch nicht ausdrücklich ausgeschlossen ist [so auch das Oberlandesgericht E 20 (1903)]. Eine Einschränkung wird man hierbei allerdings nach der Entwicklung der letzten Jahre machen müssen. Ist nämlich für ein Geschäft in getrockneten Früchten oder Gewürzen „freundschaftliche“ oder „hamburger Arbitrage“ vereinbart, so wird nach einer in den letzten Jahren aufgekommenen Gewohnheit in der Regel der Zusatz „nach Waren-Vereins-Bedingungen“ hinzugefügt. Wenn nun im Einzelfalle ein solcher Zusatz fehlt, so kann daraus unter Umständen zu folgern sein, daß die Parteien die Waren-Vereins-Bedingungen haben ausschließen wollen.

Ist ein Geschäft nach Waren-Vereins-Bedingungen abgeschlossen, so gelten diese, wenn die gleiche Ware in Zurückregulierung an den Verkäufer zurückverkauft wird, auch für den Rückkauf, auch wenn dies nicht ausdrücklich vereinbart ist [1914/16. 9].

§ 1.

(1) Bei Fristbestimmungen für Erklärungen müssen letztere innerhalb der Frist bei dem Antragenden eingetroffen sein. (B.G.B. § 147.)[1])

(2) Ist als Termin ein Tag bestimmt, so muß die Erklärung bis 4½ Uhr nachmittags eingetroffen sein.

(3) Erklärungen, die „bis zur Börse" abzugeben sind, müssen bis um 12½ Uhr am Kontor oder bis 2 Uhr an der Börse, bzw. an den Tagen, an denen Frühbörse stattfindet, bis 2½ Uhr am Kontor oder an der Börse abgegeben sein.

Platzusanzen: § 1.

Abs. 1. Ebenso.

Abs. 2. Ebenso, aber Stichzeit 7 Uhr.

Abs. 3. Ebenso, aber Stichzeit an Frühbörsentagen 11 Uhr am Kontor und 1 Uhr an der Börse.

Geschichtliches: Die Bestimmung findet sich schon in der ersten Fassung. Damals war jedoch, der seinerzeit noch üblichen geteilten Arbeitszeit entsprechend, in Abs. 2 als Stichzeit 8 Uhr festgesetzt. 1905 wurde, den P.U. folgend, der Zeitpunkt auf 7 Uhr verlegt. Nachdem inzwischen allgemein die durchgehende Arbeitszeit eingeführt war, erfolgte 1920 die Vorverlegung auf 4½ Uhr.

Der Abs. 3 enthielt ursprünglich keine Sonderbestimmung für die Frühbörsentage, da früher die Sonnabendbörse nur eine halbe Stunde eher begann. 1920 wurden die Stichzeiten für die Frühbörsentage eine halbe Stunde früher gelegt. Als dann 1922 die Sonnabendbörse auf die Zeit von 12—1 Uhr gelegt wurde, wurde eine Änderung nötig, die bewußt abweichend von der gleichzeitig eingeführten Bestimmung der P.U. gefaßt wurde (vgl. dazu Anm. 3).

Eine Frist kann sowohl nach Monaten, Wochen oder Tagen als auch nach Stunden bestimmt sein. Der Tag, an dem der Abschluß erfolgt Anm. 1.

---

[1]) B.G.B. § 147:

Der einem Anwesenden gemachte Antrag kann nur sofort angenommen werden. Dies gilt auch von einem mittels Fernsprecher von Person zu Person gemachten Antrage.

Der einem Abwesenden gemachte Antrag kann nur bis zu dem Zeitpunkt angenommen werden, in welchem der Antragende den Eingang der Antwort unter regelmäßigen Umständen erwarten darf.

oder an dem das den Lauf der Frist auslösende Ereignis eintritt, wird nicht mitgezählt. Im übrigen vgl. über die Berechnung der Fristen §§ 188 ff. B.G.B.

Anm. 2. Soll eine Erklärung „sofort" erfolgen, so muß sie innerhalb einer Zeit erfolgen, innerhalb deren sie im normalen Geschäftsgang zu erwarten ist. Soll z. B. ein Makler auf ein ihm telephonisch gemachtes Gebot „sofort" Bescheid geben, so muß dies innerhalb einer Zeit geschehen, die normalerweise ein Ferngespräch mit der Gegenpartei und ein weiterer Anruf bei der das Gebot machenden Partei in Anspruch nimmt. Erfolgt innerhalb einer solchen Zeit kein Bescheid, so verliert das Gebot seine Geltung, ohne daß die es abgebende Firma deswegen erst beim Makler anzufragen braucht [1924. 12].

Anm. 3. Es erscheint auf den ersten Blick widersinnig, daß die Erklärungsfrist an den Frühbörsentagen länger ist als an den gewöhnlichen Börsentagen. Insoweit weicht der Abs. 3 von den P.U. ab. Der Grund liegt darin, daß einerseits die Zeit bis 11 Uhr, bis zu welchem Zeitpunkt nach den P.U. Erklärungen am Kontor abgegeben sein müssen, zu kurz ist, und daß andererseits viele Herren Sonnabends nach der Börse erst zum Frühstücken gehen und deshalb Erklärungen, die an der Börse abgegeben werden, doch erst später ausgewertet werden können [M.V. 18. 7. 22].

Anm. 4. Soll eine Erklärung an der Börse abgegeben werden, und ist derjenige, dem gegenüber sie abgegeben werden soll, nicht an der Börse oder nicht an seinem Stande, so genügt es zur Wahrung der Frist, wenn den Börsennachbarn des Gesuchten als Zeugen mitgeteilt wird, daß man den Abwesenden gesucht habe [M.V. 2. 6. 20]. Natürlich muß die Erklärung dann nach der Börse noch an das Kontor gemacht werden.

Anm. 5. Bei der Beanstandung von Schlußnoten genügt es, wenn die Erklärung innerhalb der Frist dem vermittelnden Makler gegenüber abgegeben wird. Sie gilt auch dann als rechtzeitig erfolgt, wenn der Makler sie der Gegenseite erst nach Ablauf der Frist weitergibt [1922. 14, vgl. Anm. 2 zu § 5]. Dagegen gilt dies in allen anderen Fällen, z. B. bei Beanstandungen wegen Beschaffenheit, Menge, Gewicht u. dgl. nicht. Wird in diesen Fällen die Beanstandung dem Makler gegenüber ausgesprochen, so erlangt sie der Gegenpartei gegenüber nur dann Wirksamkeit, wenn der Makler sie ihr innerhalb der Frist weitergibt [vgl. Anm. 4 zu § 3].

Der Begriff „Vormittag" deckt sich nicht mit dem Begriff „bis zur Börse". Der Vormittag endet um 12 Uhr. Eine Erklärung, die „am Vormittag" abgegeben werden sollte, aber erst an der Börse abgegeben wird, ist verspätet [1919. 33]. Anm. 6.

§ 2.

(1) Andienungen haben dem Empfänger gegenüber bis 4½ Uhr nachmittags zu erfolgen. Andernfalls gelten sie als am nächsten Werktage erfolgt.

(2) Am Kai zu empfangende Waren dürfen nicht angedient werden, bevor die Partie handelsüblich am Kai zur Verfügung liegt.

Platzusanzen: § 2. Ebenso, aber Stichzeit in Abs. 1 4 Uhr.

Geschichtliches. Absatz 1 ist dem Sinne nach schon in der ersten Fassung enthalten, aber mit der Stichzeit 5 Uhr. 1905 wurde sie, den P.U. folgend, auf 4 Uhr bestimmt. 1920 wurde sie auf 4½ Uhr festgesetzt.

Absatz 2 ist erst 1905, den P.U. folgend, aufgenommen.

Andienung ist das Erbieten zur Bewirkung der Leistung, nicht aber die Abgabe irgendwelcher sonstiger Erklärungen. So ist z. B. bei cif-Geschäften die Aufgabe des Dampfernamens usw., obwohl sie im Handel so genannt wird, keine Andienung [vgl. Anm. 16 zu § 37] in diesem Sinne. Anm. 1.

Über die Verpflichtung, bei rechtzeitiger Andienung an demselben Tage zu zahlen vgl. Anm. 2 zu § 15. Anm. 2.

§ 3.

(1) Für Beanstandungen wegen der Beschaffenheit der Ware gelten folgende Bestimmungen:

(2) Am Platze angediente oder verkaufte Waren gelten als genehmigt, wenn nicht der Käufer „bis zur Börse" des auf die Andienung bzw. auf den Geschäftsabschluß folgenden Werktages dem Verkäufer eine gegenteilige Erklärung abgibt. Diese Bestimmung gilt nicht für Waren, deren Untersuchung ihrer Natur nach eine längere Zeit beansprucht.

(3) Bei „c. & f." und „cif."-Geschäften hat der Käufer die Ware nach der beendeten Entlöschung des Schiffes unverzüglich, soweit dies nach ordnungsmäßigem Geschäftsgange tunlich ist, zu untersuchen und

wenn sich ein Mangel zeigt, dem Verkäufer unverzüglich Anzeige zu machen. Zeigt der Verkäufer dem Käufer schon vor Beendigung der Entlöschung des Schiffes an, daß die Ware entlöscht sei, so beginnt die Frist für die Untersuchung und Erklärung mit der Erstattung dieser Anzeige; erfolgt die Einhändigung der Dokumente (vgl. § 39 Abs. 5) erst nach der Entlöschung des Schiffes, so beginnt die vorerwähnte Frist erst mit der Einhändigung der Dokumente. Unterläßt der Käufer die Mängelanzeige, so gilt die Ware als genehmigt, es sei denn, daß es sich um einen versteckten Mangel handelt, der bei der ordnungsmäßigen Untersuchung nicht erkennbar war.

(4) Hat der Käufer bei „c. & f." und „cif."-Geschäften die Ware weiter verkauft und die Dokumente dementsprechend weitergegeben, so genügt es zur Wahrung seiner Rechte, wenn er die ihm von seinem Käufer erstattete Mängelanzeige in ordnungsmäßiger Frist weitergibt. Er hat aber für die rechtzeitige Erstattung der Mängelanzeige seitens seines Abnehmers und dessen Nachmänner seinem Verkäufer einzustehen.

(5) Wird der Käufer an der Untersuchung der Ware oder Abgabe der Erklärung durch höhere Gewalt oder durch von dem Verkäufer zu vertretende Umstände verhindert, so hat er dies dem Verkäufer ungesäumt anzuzeigen. Die Gültigkeit der Andienung beginnt in solchem Falle mit der Anzeige des Verkäufers an den Käufer, daß die Verhinderung beseitigt ist.

Platzusanzen. Absatz 1: —

Absatz 2: § 3 Abs. 1 ebenso, jedoch mit der Einleitung: „Am Platz angediente, sowie „auf Besicht", „auf Nachstechen", „nach Probe" oder unter ähnlichen Bedingungen verkaufte Waren . . . . usw."

Absatz 3: —

Absatz 4: —

Absatz 5: § 3 Abs. 2 wörtlich ebenso.

Geschichtliches. Absatz 1: wurde 1920 neu geschaffen, als die bis dahin in demselben Paragraphen mit enthaltenen Bestimmungen über Gewichtsbeanstandungen herausgenommen und zu einem selbständigen Paragraphen (heutigem § 4) gemacht wurden, um jedes Mißverständnis auszuschließen.

Absatz 2: Nach den Usanzen von 1886 galt ein Kauf [bezüglich der Qualität] als genehmigt, wenn der Käufer bis zum nächsten Werktage 1½ Uhr dem Verkäufer nichts Gegenteiliges erklärt hatte. Eine der jetzigen entsprechende, aber ziemlich unklare Bestimmung stand in der ursprünglichen Fassung der W.V.B. in unmittelbarem Zusammenhange mit der Vorschrift über die Beanstandung unter

Vorbehalt [„auf Besicht", „auf Nachstechen" und ähnlichen Bedingungen] abgeschlossener Geschäfte. 1905 wurde sie in Übereinstimmung mit dem § 3 Abs. 1 P.U. (s. o.) gebracht. 1920 wurde die heutige Fassung beschlossen, um ihre allgemeine Geltung für Platzgeschäfte hervorzuheben.

Absatz 3: stand ursprünglich in engem Zusammenhang mit dem vorigen Absatz. Es galten für cif- und c. & f.-Geschäfte dieselben Bestimmungen, so daß bis zur Börse des [hier auf die Entlöschung des Schiffes bzw. Anzeige des Verkäufers von der Entlöschung der Partie] folgenden Tages beanstandet werden mußte. 1905 wurde die Bestimmung versehentlich fortgelassen. 1907 wurde sie dann in der selbständigen noch heute geltenden Fassung wieder eingeführt.

Absatz 4: Eine solche Bestimmung fehlte ursprünglich ganz. Sie ist erst im Zusammenhang mit der Wiederaufnahme des vorigen Absatzes 1907 neu eingeführt worden.

Absatz 5: In der ursprünglichen Fassung war ausgesprochen, daß der Beginn der Erklärungsfrist im Falle der Behinderung des Käufers durch höhere Gewalt oder Verschulden des Verkäufers automatisch hinausgeschoben wurde. Es bedurfte dazu keiner diesbezüglichen Anzeige des Käufers an den Verkäufer. Die jetzige Fassung wurde 1905, den P.U. folgend, in wörtlicher Übereinstimmung mit diesen beschlossen.

Der § 3 regelt nur die Fristen, innerhalb deren die Beanstandung einer angedienten Ware wegen Qualitätsmängeln erfolgen muß. Über die Folgen solcher Mängel und die daraus entstehenden Rechte vgl. §§ 17 ff. Über die Fristen für die Beanstandung wegen Gewichtes vgl. § 4, über die Folgen solcher vgl. §§ 6, 7. Anm. 1.

Wem gegenüber muß beanstandet werden? Ausnahmslos dem Verkäufer selbst gegenüber. Geschieht die Beanstandung einer dritten Person, z. B. dem vermittelnden Makler gegenüber, so spielt dieser allenfalls die Rolle eines die Beanstandung zum Verkäufer weitertragenden Boten. Kommt die Bestellung beim Verkäufer gar nicht oder verspätet an, so geht das deshalb zu Lasten des Käufers. Die Dinge liegen bezüglich der Beanstandung der Ware insofern anders, als bezüglich der Beanstandung der Schlußnote, obwohl der § 5 sonst dem § 3 Abs. 2 sehr nahesteht. Ein bei der Neubearbeitung der Bedingungen 1920 gestellter Antrag auch im Falle des § 3 Abs. 2 die Beanstandung gegenüber dem Makler als rechtswirksam zuzulassen, ist mit der zutreffenden Begründung abgelehnt worden, daß die Tätigkeit des Maklers mit der Anerkennung der Schlußnote durch die Parteien und dem damit endgültig erfolgten Abschluß des Geschäftes zu Ende sei und er damit als Glied des Geschäftes ausscheide. Während es bei der Beanstandung einer Schluß- Anm. 2.

note zur Wahrung der Frist ausreicht, wenn sie vor deren Ablauf bei dem Makler erfolgt, auch wenn dieser sie der Gegenpartei erst nach Ablauf der Frist weitergibt [vgl. Anm. 2 zu § 5], ist eine dem Makler gegenüber erfolgende Beanstandung der Ware nur dann rechtzeitig, wenn dieser sie im Auftrage der beanstandenden Firma der Gegenpartei innerhalb der Frist weitergibt.

Eine Beanstandung gegenüber dem Quartiersmann des Verkäufers genügt ebenfalls nicht [1919. 21].

Anm. 3. Wie muß die Beanstandung erfolgen? Es genügt, daß der Käufer dem Verkäufer mitteilt, daß die Ware nicht kontraktlich sei. Eine genaue Angabe des Mangels oder der Mängel ist nicht erforderlich [Gutachten des Vorstandes an das Landgericht Hamburg, 1911; ferner 1920. 17].

Anm. 4. Der Absatz 2 gilt für alle am Platz angedienten und verkauften Waren, also nicht nur für solche, die mit bestimmten Klauseln [„auf Besicht", „auf Nachstechen" u. dgl.] verkauft sind. Am Platz angedient werden auch solche Waren, die „ab Kai" zu liefern sind. Ist nach Wahl des Verkäufers entweder cif-Ware oder loco-Ware zu liefern und wählt der Verkäufer das letztere, so gilt für die Beanstandung der Absatz 2, nicht etwa der Absatz 3 [E 22 (1910)].

Anm. 5. Andererseits gilt der Absatz 2 auch bei Platzgeschäften nur, wenn die Ware tatsächlich untersucht werden kann, denn sein Gedanke ist der, daß der Käufer eine bestimmte Zeitspanne dafür haben soll. Sind z. B. Pflaumen einer bestimmten Stückzahl verkauft, die bis zum Mittag des auf den Abschluß folgenden Tages gepackt werden sollen, so kann der Käufer sie vorher gar nicht auf ihre Ordnungsmäßigkeit untersuchen. Er würde daher dafür nur die Zeit von 12—2 Uhr haben. Das wäre zu kurz. Infolgedessen fängt in solchen Fällen die Beanstandungsfrist nicht schon mit dem Tage des Geschäftsabschlusses, sondern erst mit dem Tage der Fertigstellung der Ware an zu laufen [Schiedsgericht 1925].

Anm. 6. Ob der Käufer die Ware wirklich besichtigt oder nicht, ist belanglos. [Anders jedoch „auf Besicht" abgeschlossenen Geschäften; vgl. Anm. 2 zu § 16.] Denn es kommt nur darauf an, ob er rechtzeitig beanstandet oder nicht. Die Beanstandung ist nicht etwa unwirksam, weil der Käufer die Ware nicht untersucht hat. Beanstandet er ins Blaue hinein und erweist sich die Ware dann als vertragsmäßig, so hat er die entstehenden (z. B. Arbitrage-) Kosten und sonstigen Folgen zu tragen. Läßt dagegen der Käufer die Frist verstreichen, so hat er sich damit grundsätzlich seiner Rechte begeben, gleichgültig ob er die Ware untersucht hat oder nicht.

Wie nun, wenn der Käufer bei der Untersuchung der Ware einen Mangel übersieht, und diesen erst nach Ablauf der Frist noch bemerkt? Hierfür kommt es darauf an, ob es sich bei dem nachträglich festgestellten Mangel um einen sog. geheimen oder versteckten Mangel handelt, d. h. einen solchen, der bei ordnungsmäßiger Untersuchung nicht ohne weiteres zu bemerken war [vgl. hierüber Anm. 12] oder nicht. In letzterem Falle hat der Käufer grundsätzlich verspielt. Er kann sich nicht darauf berufen, daß er bei den von ihm vorgenommenen Stichproben gerade nur gute Stücke in die Hand bekommen habe, während andere Stücke der Partie mangelhafte Ware enthielten. Es steht im Belieben des Käufers, alle Stücke zu untersuchen. Tut er dies nicht und macht er nur Stichproben in geringerer oder größerer Zahl, so geht die damit verbundene Gefahr, daß ihm die abfallende Beschaffenheit einzelner, zufällig gerade nicht untersuchter Teile entgeht, zu seinen Lasten. Praktisch ist es nun allerdings in der ganz überwiegenden Zahl der Fälle dem Käufer gar nicht möglich, sämtliche Kisten, Fässer u. dgl. beim Nachstechen zu öffnen und im einzelnen Stück für Stück zu untersuchen. Es wird infolgedessen vielfach als eine Härte für den Käufer angesehen, daß ihm trotz dieser praktischen Unmöglichkeit die Gefahr des Vorhandenseins von nicht bemerkten Mängeln aufgebürdet wird. Das kann jedoch an der Beurteilung nichts ändern. Denn auf der anderen Seite würde dem Verkäufer gegenüber die noch größere Härte eintreten, daß er nachträglich, oft erst nach längerer Zeit und nachdem die Ware durch wer weiß wie viele Hände gegangen ist, noch Beanstandungen ausgesetzt wäre, ohne daß er auch nur im geringsten weiß, was in der Zwischenzeit alles mit der Ware geschehen ist. [So mit ausführlicher Begründung 1921. 15, ferner E 41 (1906), 42 (1910), 1911. 14, 1912. 22, 1913. 35, 1919. 21, 1920. 15 u. 16.] Das Vorstehende gilt jedoch nur dann, wenn zwar eine mangelhafte, aber immerhin eine Ware geliefert ist, die der Gattung nach den Verkaufsbedingungen entspricht. Ist dagegen eine dem Wesen nach ganz abweichende Ware, ein sog. aliud (vgl. hierüber im einzelnen Anm. 6 zu § 18) geliefert, so kann auch noch nachträglich beanstandet werden [vgl. § 378 H.G.B.; 1915. 16]. Anm. 7.

Ist es dem Käufer infolge höherer Gewalt oder eines vom Ver- Anm. 8.

käufer zu vertretenden Umstandes unmöglich, alle Stücke nachzustechen, weil er z. B. infolge Verstapelung der Partie nur an einem Teil herankommen kann, so muß er dies dem Verkäufer sofort anzeigen [vgl. Absatz 5, Anm. 22]. Unterläßt er dies, kann er Mängel der nicht untersuchten Stücke nicht mehr rügen. Dasselbe gilt auch dann, wenn dem Käufer beim Nachstechen eine größere Partie vorgesetzt wird und er von dieser Stichproben macht und untersucht. Er kann dann nicht noch nachträglich beanstanden, wenn er beim Empfang nur mehr oder minder mangelhafte Ware vorfindet, nachdem inzwischen Teile der Partie von anderen empfangen sind. Will der Käufer sich hiergegen schützen, so muß er entweder verlangen, daß ihm gesondert der Teil der Partie vorgesetzt wird, der für ihn bestimmt ist, oder er muß die von ihm untersuchten Stücke der Gesamtpartie alsbald für sich gesondert zurücklegen lassen [1919. 22, 1921. 15 u. 25]. In beiden Fällen finden jedoch bei Nichtbemerken von Mängeln einzelner Stücke der vorgesetzten bzw. zurückgelegten Teilpartie die Grundsätze der Anm. 7 Anwendung.

Anm. 9. Was für die Beschaffenheit der Ware gilt, gilt ebenso für die Verpackung. [E 22 (1910); anders und mit bedenklicher Begründung E 38 (1903), wo es sich allerdings um eine „wie nachgestochen" verkaufte Partie „choice"-Birnen handelte, unter denen sich später eine Reihe von mit „good" gemarkten Kisten herausstellte. Der Schiedsspruch erklärte insoweit eine nachträgliche Beanstandung noch für zulässig, sprach aber gleichzeitig aus, daß eine solche bezüglich der mit „choice" gemarkten Kisten unzulässig sei, wenn der Inhalt einiger Kisten sich als abfallend herausstellen sollte!]

Anm. 10. An Anm. 7 ist bereits von den sog. geheimen oder versteckten Mängeln die Rede gewesen. Dies sind solche, die bei ordnungsmäßiger Untersuchung nicht ohne weiteres erkennbar waren. Die diesbezügliche Bestimmung des Absatz 3 gilt sinngemäß auch für die Fälle des Absatz 2. Solche Mängel, die bei ordnungsmäßiger Untersuchung ohne weiteres hätten bemerkt werden können, aber wegen nicht ordnungsmäßiger Untersuchung, z. B. weil nicht alle Stücke untersucht sind, oder, weil sich die Untersuchung nur auf die Oberfläche beschränkt hat, nicht bemerkt sind, sind keine geheimen Mängel [1913. 35]. Hierher gehört z. B. das Vorhandensein einzelner Kisten mit ranzigem Inhalt unter einer größeren Partie Kokos, das Vorkommen von Klumpen in Tapioka, das Schimmligsein von Pflaumen u. dgl. m. Dagegen ist es als geheimer Mangel anzusehen, wenn z. B. Kaneel mit wildem Kaneel vermischt ist, da die Abweichungen im Aussehen so gering sind, daß sie nur von einem außerordentlich erfahrenen Auge zu erkennen sind [1921. 27]. Ein geheimer Mangel liegt ferner nicht vor, wenn bei Aprikosenpulp nachträglich einzelne Dosen bombieren [1924. 13].

Geheime Mängel können auch noch nach Ablauf der Fristen des § 3 gerügt werden. Die Beanstandung muß dann aber unverzüglich nach ihrer Feststellung erfolgen. Sie findet ihre zeitliche Grenze mit dem Ablauf von sechs Monaten (§ 477 H.G.B.). Anm. 11.

Bei solchen „Waren, deren Untersuchung ihrer Natur nach eine längere Zeit beansprucht" (Absatz 2. Satz 2), muß die Untersuchung alsbald eingeleitet werden. Ihre Beanstandung muß dann unverzüglich nach Beendigung der Untersuchung erfolgen. Die sechsmonatliche Zeitgrenze, wie sie für geheime Mängel besteht, hat hier keine Geltung. Eine Beanstandung nach zwei Wochen kann schon verspätet sein. Anm. 12.

Die Frist des Absatz 2 läuft ohne Rücksicht darauf, ob der Käufer innerhalb ihrer die Schlußnote oder den Nachstechschein bekommen hat oder nicht. Den Nachstechschein zu besorgen, ist grundsätzlich Sache des Käufers, wenigstens soweit es sich um Lieferung „ab Lager" handelt (§ 26). Kann er ihn von dem Verkäufer nicht oder nicht rechtzeitig bekommen, so liegt ein Fall des Absatz 5 vor. Der Käufer muß dann zur Vermeidung von Nachteilen dem Verkäufer innerhalb der Frist entsprechende Anzeige machen (vgl. Anm. 22). Anm. 13.

Hat der Käufer vom Makler keine Schlußnote bekommen, so muß er sie sich rechtzeitig vom Makler beschaffen. Gelingt ihm dies nicht, so haftet ihm der Makler, sofern diesen ein Verschulden trifft. Jedenfalls tritt keine Verschiebung der Beanstandungsfrist ein, auch dann nicht, wenn der Käufer wegen des Fehlens der Schlußnote den Namen des Verkäufers noch gar nicht weiß [1922. 20].

Ist die Schlußnote von einer Partei beanstandet, so wird dadurch die Beanstandungsfrist wegen Mängel nicht berührt. Denn wenn das Geschäft überhaupt zustandegekommen, ist es von vornherein gültig. Anm. 14.

Der Absatz 2 hat solche Fälle im Auge, in denen sowohl der Verkäufer als auch der Käufer in Hamburg ansässig sind. Sehr oft wohnt aber eine der Parteien, meist der Käufer, im Inlande. Für diese Fälle gilt folgendes: Anm. 15.

§ 3.

Grundsätzlch hat der Käufer die Ware zu untersuchen, sobald er dazu die Möglichkeit hat. Hieraus folgt zugleich, daß die die Grundlage der Beanstandung bildende Untersuchung an dem Orte erfolgen muß, an dem der Käufer empfängt. Empfang liegt vor, wenn der Käufer selbst oder durch einen Beauftragten die Ware abnimmt. Das ist wichtig, wenn der Wohnsitz des Käufers nicht mit dem Orte identisch ist, an dem die Ware liegt. Kauft z. B. ein im Inlande ansässiger Käufer ab Lager Hamburg und läßt er sich die Ware durch einen von ihm beauftragten Spediteur zusenden, so empfängt er in Hamburg. Die Untersuchung der Ware muß infolgedessen in Hamburg erfolgen und die Beanstandung unverzüglich nach Erhalt des Berichtes bzw. der gezogenen Proben erfolgen. Eine Beanstandung, die erst auf Grund einer nach Ankunft der Ware im Inland vorgenommenen Besichtigung erfolgt, ist verspätet und deshalb nicht mehr beachtlich [1913. 34, 1922. 25]. Übernimmt dagegen der Verkäufer, sei es von sich aus, sei es auf Grund einer diesbezüglichen Bitte des Käufers, die Versendung der Ware nach dem Sitze des Käufers, gleichgültig ob er sie selbst ausführt oder durch einen von ihm beauftragten Spediteur ausführen läßt, so erfolgt der Empfang erst im Inlande. In diesem Falle braucht die Ware erst dort untersucht zu werden und ist eine auf Grund dieser Untersuchung unverzüglich ausgesprochene Beanstandung rechtzeitig. [E 33. (1910).] Hierdurch wird jedoch die Tatsache, daß die Gefahr mit dem Verlassen des Lagers auf den Käufer übergeht, nicht berührt. Eine etwaige Beanstandung kann also auf Mängel, die während des Transportes der Ware eingetreten sind [z. B. Feuchtwerden, Schimmeln infolge großer Hitze im Eisenbahnwagen u. dgl.], nicht gestützt werden [vgl. Anm. 3 zu § 24].

Anm. 16. Entsprechendes gilt auch für Lieferungsgeschäfte. Grundsätzlich hat hier die Untersuchung an dem Orte zu erfolgen, der Bestimmungsort für den der Lieferung zugrunde liegenden Frachtvertrag ist. Sind z. B. rumänische Pflaumen frachtfrei Oderberg verkauft, so muß der Käufer die Untersuchung dort vornehmen. Ist cif Hamburg verkauft, muß sie in Hamburg erfolgen. Läßt der Käufer die Ware von Oderberg bzw. Hamburg erst nach seinem Wohnsitz kommen, untersucht sie erst hier und beanstandet erst danach, so ist das verspätet [E 34 (1905), 1912, 19]. Anders liegt es natürlich auch in diesem Falle, wenn der Verkäufer es übernimmt, die Ware an den Wohnsitz des Käufers weiter zu senden. Wenn in dem oben erwähnten Beispiel der Verkäufer seinerseits den in Oderberg für ihn eintreffenden Waggon nach dem Wohnort des Käufers weiterleitet oder durch seinen Spediteur weiterleiten läßt, so kann der Käufer noch beanstanden, wenn die Ware an seinem Wohnsitz eintrifft, denn er hatte ja keine Gelegenheit, in Oderberg zu untersuchen, weil er keine Verfügung über den Waggon hatte.

Bei c. & f. und cif-Geschäften gibt es keine nach Stunden begrenzte Beanstandungsfrist. Der Käufer hat die Ware unverzüglich nach der beendeten Entlöschung des Schiffes zu untersuchen, soweit dies nach ordnungsmäßigem Geschäftsgange tunlich ist, und muß gegebenenfalls unverzüglich beanstanden. Anm. 17.

Bei dem „ordnungsmäßigen Geschäftsgang" kommt es nicht darauf an, was der betreffende Käufer darunter versteht, sondern was der ordentliche Kaufmann als solchen ansieht. Nach ordnungsmäßigem Geschäftsgang tunlich ist eine Untersuchung erst dann, wenn die Ware am Kai oder beim Löschen in Leichter an anderer Stelle greifbar liegt.

Abgesehen von den Fällen, daß der Verkäufer schon vorher anzeigt, daß die Ware entlöscht ist, oder daß die Andienung der Dokumente erst nach der Entlöschung des Schiffes erfolgt, ist für den Beginn der Untersuchungspflicht der Augenblick der Beendigung der Entlöschung des Schiffes maßgebend. Bei der Abfassung dieser Bestimmung hat man ersichtlich nur an den Fall gedacht, daß es an e i n e m Kaiplatz seine ganze Ladung löscht. Löscht es sie in mehreren Teilen an verschiedenen Kaiplätzen, so beginnt die Untersuchungspflicht gleichwohl erst mit dem Leerwerden des Schiffes, auch wenn die Ware schon mit einem früheren Teil der Ladung an dem ersten Kaiplatz gelöscht ist. Das ergibt sich aus den Worten „nach der b e e n d e t e n Entlöschung des Schiffes", aber auch aus der Erwägung, daß „nach ordnungsmäßigem Geschäftsgange" der Käufer damit rechnen darf, daß das Löschen eine der Größe des Schiffes entsprechende Zeit dauert und er sich nicht vor deren Ablauf beim Kai zu melden braucht [E 23 (1910)]. Anm. 18.

Der Absatz 4 enthält für cif- und c. & f.-Geschäfte eine wichtige Ausnahme von dem sonst allgemein geltenden Grundsatz, daß jedes Vertragsverhältnis zwischen Verkäufer und Käufer aus sich allein heraus zu beurteilen ist, d. h. daß die Vorderleute des Verkäufers und die Hinterleute des Käufers außer Betracht bleiben. Sonst muß Anm. 19.

der Käufer grundsätzlich selbst untersuchen lassen und, wenn er dies nicht tut, sondern durch seinen Hintermann tun läßt, ist dieser allenfalls nur als sein Gehilfe anzusehen, und die Beanstandungsfrist wird durch die Tatsache des Weiterverkaufs nicht ausgedehnt. Keinesfalls kann der Käufer sonst eine Beanstandung seines Hintermannes noch nachträglich an den Verkäufer weitergeben. Wenn er beim cif- und c. & f.-Geschäft ausnahmsweise diese Befugnis hat, so hat das seinen Grund darin, daß in diesen Fällen statt der Ware selbst die Dokumente angedient werden, und daß dies vielfach schon geschieht, ehe der Dampfer angekommen ist, so daß bei seiner Ankunft der Käufer die Dokumente schon weitergegeben hat und selbst gar nicht mehr untersuchen kann. Der Käufer muß aber die ihm gewordene Mängelanzeige seines Käufers unverzüglich an seinen Verkäufer weitergeben und haftet ihm für die Rechtzeitigkeit ihrer Erstattung durch seine Hinterleute. Der Käufer muß deshalb dem Verkäufer auf Anfordern seine sämtlichen Hinterleute aufgeben. Ohne ein diesbezügliches Verlangen des Verkäufers braucht er dies aber nicht zu tun. Eine Verpflichtung, den Dokumenten einen Laufzettel beizugeben, besteht nicht [E 24 (1910)].

Anm. 20. Für den Fall, daß sich in der Kette der Hinterleute des Käufers eine Inlandsfirma befindet, also durch die notwendig werdende Versendung der Dokumente eine Verzögerung eintreten kann, hat das Schiedsgericht in einem Fall, in dem Berlin in Frage kam, einmal entschieden, daß angesichts der schnellen Eisenbahnverbindung zwischen Hamburg und Berlin die Abwicklung der Beanstandung nicht unzulässig verzögert werde. Es hat aber die Frage für solche Fälle offen gelassen, in denen eine weitere Entfernung oder eine Versendung der Dokumente von einem Inlandsplatz zum anderen in Betracht kommt [1910. 10]. Diese ganze Frage wird ohnehin nur dann akut, wenn die Dokumente dem letzten Käufer erst bei oder nach der Ankunft des Dampfers angedient werden.

Anm. 21. Aus den in Anm. 19 entwickelten Gründen kann der Absatz 4 nur dann Anwendung finden, wenn die Weitergabe der Dokumente in Erfüllung eines früher getätigten Abschlusses erfolgt. Dagegen fallen die für die Ausnahmevorschrift des Absatzes 4 maßgebenden Gesichtspunkte fort, wenn die Dokumente erst nach Ankunft des Dampfers weiterverkauft werden. Es läßt sich für ihre Anwendbarkeit auch nicht ins Treffen führen, daß der Käufer ja mit Rücksicht auf den § 39 Abs. 4

die Ware nicht untersuchen dürfe, weil er dadurch die Dokumente im Verhältnis zu seinem Hintermann andienungsunfähig mache. In diesem Falle bewendet es bei dem allgemeinen Grundsatz, daß die Verhältnisse des Käufers zu seinen Hinterleuten für sein Verhältnis zum Verkäufer außer Betracht zu bleiben haben. Im übrigen braucht ja auch der Käufer nicht die bereits aufgenommenen Dokumente zu verkaufen, sondern kann statt deren die Ware selbst veräußern [1912. 15].

Zu Absatz 5. Ist der Käufer durch höhere Gewalt oder durch von dem Verkäufer zu vertretende Umstände an der rechtzeitigen Untersuchung der Ware oder Abgabe der Erklärung verhindert, so wird dadurch die Beanstandungsfrist nicht etwa automatisch verlängert, sondern nur dann, wenn er es dem Verkäufer ungesäumt anzeigt [1918. 18]. Der Grund hierfür liegt darin, daß der Verkäufer sonst meist von dem Sachverhalt nichts wissen und annehmen würde, daß der Käufer genehmigt habe. Denn auch von den von ihm zu vertretenden Umständen wird der Verkäufer vielfach nichts wissen, so z. B. wenn die zu untersuchende Ware auf dem Lager seines Quartiersmanns verstapelt ist, so daß der Käufer sie gar nicht oder nicht eingehend genug untersuchen kann. Anm. 22.

Macht der Käufer dem Verkäufer eine entsprechende Anzeige, so braucht er sich um die Ware zunächst nicht weiter zu kümmern. Es ist dann Sache des Verkäufers, ihm seinerseits die Beseitigung der Verhinderung anzuzeigen. Erst dann beginnt die Beanstandungsfrist von neuem zu laufen.

Im übrigen vgl. auch Anm. 5.

Das Recht der Beanstandung erlischt schon vor dem Ablauf der Frist, wenn der Käufer den Ausfall der Ware, sei es ausdrücklich, sei es durch schlüssige Handlungsweise genehmigt. Anm. 23.

Eine solche stillschweigende Genehmigung ist unter allen Umständen anzunehmen, wenn der Käufer über die Ware verfügt, indem er sie seinerseits zur Erfüllung von Verpflichtungen seinen Abnehmern gegenüber verwendet, insbesondere wenn er sie versendet. Es ist dafür ganz belanglos, ob er die Ware selbst untersucht und dabei die Mängel nicht bemerkt hat, oder ob er sie selbst gar nicht untersucht hat. Auf keinen Fall kann er später noch eine ihm gegenüber von seinem Käufer erfolgende Beanstandung seinem Verkäufer mit Rechtswirksamkeit weitergeben [1922. 26]. Das gleiche gilt, wenn der Käufer auch nur über einen Teil der Ware verfügt. Er kann dann auch für den Rest nicht mehr beanstanden. [1905. 13.]

Eine stillschweigende Genehmigung des Ausfalls der Ware kann auch darin liegen, daß der Käufer auf anderem Wege mit der Ware verfährt, so z. B. wenn ein inländischer Käufer die cif gekaufte Ware vom Seehafen nach seinem Wohnort kommen läßt [E 34. (1905), 1912. 19 vgl auch Anm. 16]. Dagegen ist eine solche Genehmigung nicht darin zu erblicken, wenn ein Käufer eine mit der Eisenbahn ankommende Waggonladung von der Bahn abnimmt und auf sein Lager bringt, denn eine Untersuchung der Ware im oder am Waggon ist nicht möglich [1920. 18]. Ebensowenig liegt ein Verzicht des Käufers vor, wenn er die Ware nur deshalb vom Kai auf sein Lager nimmt, weil der Kai die Abnahme verlangt [1911. 15].

Das Recht, wegen geheimer Mängel auch später noch zu beanstanden, geht durch einen Verzicht der vorstehend erwähnten Art natürlich nicht verloren.

Anm. 24. Der § 3 findet, wenn eine auf Lieferung verkaufte Ware in Teilen angedient wird, für jede Teillieferung Anwendung [§ 28 Abs. 2].

§ 4.

Gewichtsbeanstandungen sind bei Lokogeschäften nach Empfang unzulässig. Bei Lieferungsgeschäften haben sie unverzüglich zu erfolgen. Für „c. & f." und „cif"-Geschäfte gilt folgende Sonderbestimmung: Die Verwiegung der Ware hat innerhalb fünf Werktagen, gerechnet von dem Zeitpunkt des Beginnes der Erklärungsfrist an, zu erfolgen. Ansprüche wegen Untergewichts müssen mit tunlichster Beschleunigung, längstens innerhalb je zwei Werktagen, von jedem Beteiligten gegenüber seinem Vormanne weitergegeben werden. Hat Arbitrage stattgefunden, so beginnt die Frist erst mit der Zustellung des Arbitrageattestes an den letzten Käufer.

Platzusanzen: —

Geschichtliches: Diese Bestimmung fehlte ursprünglich. Erst 1907 wurde eine solche für cif- und c. & f.-Geschäfte aufgenommen. Die heutige Fassung mit den beiden ersten Sätzen stammt aus dem Jahre 1920. Gleichzeitig wurde die ganze bis dahin inmitten des § 3 stehende Bestimmung aus diesem herausgenommen und zu einem selbständigen Paragraphen erhoben.

Nimmt der Käufer am Kai eine probeweise Verwiegung einiger Kolli vor und ergibt diese keinen Grund zur Beanstandung, so daß eine solche zunächst nicht erfolgt, so ist der Käufer wegen der Geltendmachung von Ansprüchen wegen Untergewichts nicht präjudiziert, wenn die nachträgliche, aber fristgerechte Verwiegung der ganzen Partie ein solches ergibt [E 25. (1905)]. Anm. 1.

Die zwei Werktage, innerhalb deren die Ansprüche von jedem Beteiligten weitergegeben werden müssen, verstehen sich absolut, d. h. es wird für jedes Glied in der Kette den fünf Tagen des letzten Empfanges zwei Tage hinzugezählt [z. B. bei drei Gliedern beträgt die Gesamtfrist 5 + 2 + 2 = 9 Tage]. Kommt der Anspruch innerhalb dieser Gesamtfrist an den ersten Verkäufer, so ist das rechtzeitig. Es bleibt dabei außer acht, ob etwa ein Glied im Inland sitzt und durch die Weitergabe nach dort und von dort Zeit verloren geht. Die zwei Tage, die auf jeden Beteiligten entfallen, rechnen also nicht etwa erst vom Erhalt der Beanstandung vom Hintermann an [M.B. 2. 6. 20]. Anm. 2.

Wird bei einem cif- oder c. & f.-Geschäft die Ware in mehreren Teilen verladen und angedient, so findet der § 4 auf jede Teilladung Anwendung (vgl. Anm. 8 zu § 28). Anm. 3.

§ 5.

Schlußnoten sind am Tage des Geschäftsabschlusses an die Parteien abzusenden und gelten als genehmigt, wenn nicht „bis zur Börse" des darauffolgenden Werktages bei der Gegenpartei oder dem vermittelnden Makler Einwendungen erhoben worden sind. Der Makler hat ihm gegenüber erhobene Einwendungen unverzüglich der Gegenpartei mitzuteilen.

Platzusanzen: Ebenso, jedoch im ersten Satz ohne die Worte „oder dem vermittelnden Makler" und ohne den zweiten Satz.

Geschichtliches: Die erste Fassung entsprach wörtlich dem heutigen ersten Satz. Der zweite Satz fehlte. Es konnte also auch dem vermittelnden Makler gegenüber beanstandet werden. 1904 wurden die diesbezüglichen Worte, den P.U. folgend, gestrichen. 1920 wurden sie wiederhergestellt und wurde der zweite Satz hinzugefügt.

Wegen des Begriffes „bis zur Börse" vgl. § 1 Abs. 3. Anm. 1.

Die Frist ist gewahrt, wenn die Beanstandung innerhalb der Frist dem Makler gegenüber erfolgt. Die Beanstandung gilt dann auch Anm. 2.

der Gegenpartei gegenüber als rechtzeitig, wenn die vom Makler unverzüglich weitergegebene Mitteilung bei dieser erst nach Ablauf der Frist ankommt [1922. 14].

Anm. 3. Gibt der Makler die ihm gegenüber rechtzeitig ausgesprochene Beanstandung nicht unverzüglich weiter, so ist sie verspätet und bleibt die Schlußnote maßgebend. Dies gilt natürlich nicht, wenn der Makler die Beanstandung zwar nicht unverzüglich, aber doch noch innerhalb der Frist weitergibt. Denn auch die beanstandende Partei selbst hätte ja bis zum Ablauf der Frist noch widersprechen können.

Anm. 4. Unterläßt der Makler die rechtzeitige Weitergabe der Beanstandung, so daß diese nach Anm. 3 verspätet ist und wirkungslos bleibt, so ist er der beanstandenden Partei für den Schaden ersatzpflichtig, da dieser dadurch entsteht, daß dann für das Geschäft die in der Schlußnote niedergelegten Bedingungen maßgebend sind.

Anm. 5 Ob die Beanstandung mündlich oder schriftlich erfolgt, ist für die Frage der Rechtzeitigkeit belanglos. Eine mündliche Beanstandung wird angesichts der Bedeutung der Erklärung zweckmäßig schriftlich bestätigt werden. Wichtig ist auch, daß die beanstandete Schlußnote dem Makler zurückgegeben wird, wenn dieser oder die Gegenpartei die Berechtigung der Beanstandung bestreitet, oder wenn der Makler die verlangte Änderung nicht alsbald vornimmt. Falls die Schlußnote solchenfalls nicht zurückgegeben wird, so wird von dieser Tatsache möglicherweise ein Verzicht auf die Beanstandung zu erblicken sein.

Anm. 6. Das Recht der Beanstandung erlischt, wenn die Schlußnote vor Ablauf der Frist ausdrücklich genehmigt wird. Aus bloßem Stillschweigen kann eine solche Genehmigung vor Ablauf der Frist nicht gefolgert werden. Wird z. B. an der Börse eine Schlußnote über ein am Vormittag telephonisch abgeschlossenes Geschäft vom Makler persönlich übergeben, so kann die Partei, auch wenn sie sie widerspruchslos entgegengenommen hat, gleichwohl noch bis zur Börse des nächsten Tages beanstanden. Denn eine genaue Prüfung der Schlußnote ist im Getriebe der Börse nicht ohne weiteres möglich.

Anm. 7. Der § 5 gibt der Partei kein Recht, durch Beanstandung der Schlußnote den bereits fest getätigten Abschluß nach ihrem einseitigen Belieben wieder abzuschütteln. Eine Beanstandung der Schlußnote ist, abgesehen von dem Fall, daß nach Ansicht der Partei ein Abschluß überhaupt nicht zustande gekommen ist, nur dann statthaft, wenn die Schlußnote entweder die vereinbarten Bedingungen nicht richtig oder nicht vollständig wiedergibt, oder wenn sie Bedingungen enthält, über die beim Abschluß überhaupt nicht gesprochen ist und mit denen die Partei nicht einverstanden ist [1919. 22], so z. B. wenn der Makler dem Verkäufer gegenüber von 30/40er Pflaumen gesprochen hat, in der Schlußnote aber kalifornische Pflaumen genannt werden [1924. 16].

Wird der Schlußnote nicht widersprochen, so ist ihr Inhalt für das Geschäft allein maßgebend, auch soweit er von den tatsächlich getroffenen Vereinbarungen abweicht, d. h. solche nicht richtig wiedergibt oder nicht vereinbarte Bedingungen enthält [1920. 12, entsprechend für Abweichungen der Verkaufsbestätigungen des Verkäufers von mündlichen Zusagen seines Agenten gegenüber inländischen Käufern 1924. 17 u. 18]. Anm. 8.

Wie nun, wenn eine wesentliche Bedingung in der Schlußnote fehlt, ohne daß dies beanstandet ist? Kann dann trotz der im vorigen Absatz wiedergegebenen Grundsätze auf die mündlichen Vereinbarungen zurückgegriffen werden? Das Schiedsgericht hat einmal entschieden, daß, wenn die Schlußnote keinen Vermerk darüber enthält, ob sich der darin angegebene Preis unverzollt oder verzollt versteht, insoweit die mündlichen Abmachungen maßgebend sind [1917. 15]. Eine Verallgemeinerung dieser Entscheidung würde nicht unbedenklich sein. Die darin zum Ausdruck gebrachte Ansicht wird nur für den Fall zu billigen sein, daß das Schweigen der Schlußnote Zweifel über die Rechtslage läßt, nicht aber wenn der nicht ausdrücklich geregelte Punkt usanzemäßig geklärt ist. Anm. 9.

Wird die Schlußnote mit Recht beanstandet, weil sie die Bedingungen des Abschlusses nicht richtig oder nicht vollständig wiedergibt, so hat dies keinesfalls die Hinfälligkeit des Abschlusses zur Folge. Erkennt die Gegenpartei die Beanstandung als berechtigt an, so gilt der Abschluß unter entsprechender Berichtigung der Schlußnote. In diesem Falle bleibt die beanstandende Partei an das Geschäft gebunden. Will dagegen die Gegenpartei die Beanstandung nicht als berechtigt anerkennen, so kann die beanstandende Partei sich entweder auf den Standpunkt stellen, daß das Geschäft mangels Übereinstimmung nicht zustande gekommen ist oder aber sie kann auf Berichtigung der Schlußnote bzw. Erfüllung des Geschäftes zu den nach ihrer Ansicht mündlich vereinbarten Bedingungen klagen. Jedenfalls aber verliert die Anm. 10.

rechtzeitig beanstandete Schlußnote zunächst einmal ihre Wirkung [1920. 14, anders 1911. 12].

Anm. 11. Die Schlußnote muß vom Makler am Tage des Geschäftsabschlusses abgesandt werden. Ob dies durch Boten oder durch die Post geschieht, ist gleichgültig. Ebenso ist es gleichgültig, ob sie den Parteien noch am gleichen Tage oder erst am folgenden Vormittage zugeht. Geschieht dies nicht, so muß die Partei bei dem Makler deswegen rückfragen. Die Frage, ob, wenn die Partei, trotzdem sie die Schlußnote nicht bis zur Börse des auf den Geschäftsabschluß folgenden Tages erhält und infolgedessen nicht rechtzeitig beanstanden kann, auch noch nachträglich beanstandet werden kann, ist m. W. bisher noch nicht entschieden. Man wird sie zu verneinen haben, denn die ganzen Grundgedanken der Geschäftsbedingungen sind darauf gerichtet, möglichst schnell Klarheit über alle Geschäfte entstehen zu lassen [vgl. auch Anm. 7 zu § 3]. Erhält nun die eine Partei die Schlußnote und hört sie innerhalb der Beanstandungsfrist keine Einwendung, so würde sie unter Umständen geschädigt werden, wenn sie z. B. die gekaufte Ware weiter verkauft und dann infolge einer noch verspätet zugelassenen Beanstandung der Gegenpartei möglicherweise das Einkaufsgeschäft hinfällig würde. Wenn man der vorstehend vertretenen Ansicht nicht beipflichten und im Falle des nicht rechtzeitigen Zugehens der Schlußnote auch noch eine spätere Beanstandung zulassen will, so wird man zum mindesten verlangen müssen, daß die Partei, die die Schlußnote nicht rechtzeitig hat bekommen können, hiervon der Gegenpartei vor Ablauf der Beanstandungsfrist Mitteilung macht, und daß die Beanstandung nach Eintreffen der Schlußnote dann unverzüglich erfolgt. Selbstverständlich haftet gegebenenfalls der Makler den Parteien, wenn die Verzögerung der Zustellung der Schlußnote auf seinem Verschulden beruht.

Anm. 12. Die in den Anm. 8—10 entwickelten Grundsätze gelten auch für die Bedeutung der von einer Partei der anderen gesandten Verkaufsbestätigung wie solche im Verkehr mit inländischen Parteien gebräuchlich sind.

Anm 13. Gelegentlich behält der Makler, wenn er für eine ausländische Firma verkauft, deren Bestätigung vor. Dann bleibt das Geschäft solange in der Schwebe, bis diese Bestätigung erfolgt bzw. unter normalen Verhältnissen Antwort zu erwarten ist. Eine formelle Bestätigung des Verkäufers ist dann nicht unbedingt erforderlich, es genügt, wenn er seinen Willen, das Geschäft zu erfüllen, erkennen läßt, z. B. durch Abladung der Ware. Er ist dann an die Bedingungen der Schlußnote gebunden [1924. 16]. Falls der Käufer die Schlußnote beanstanden will, muß er dies sofort tun.

§ 6.

Falls bei Käufen nach ausgeliefertem Gewicht infolge von Verlust der Ware das Landungsgewicht nicht zu ermitteln ist, oder die Ware infolge von Beschädigung einen Gewichtszuwachs erfahren hat, so erfolgt die Berechnung auf Grund des Abladegewichts abzüglich des erfahrungsmäßigen, eventuell durch Sachverständige festzustellenden Gewichtsabganges auf der Reise.

Platzusanzen: —

Geschichtliches: Die Bestimmung ist schon in der ersten Fassung vorhanden und unverändert geblieben.

Der § 6 kommt seinem Inhalt nach nur für Lieferungsgeschäfte in Betracht, für diese aber auch allgemein, also nicht nur für cif- und c. & f.-Geschäfte. Anm. 1.

Im allgemeinen, wenigstens bei cif- und c. & f.-Geschäften, ist das Abladegewicht maßgebend, wenn nicht ausdrücklich ausgeliefertes Gewicht bedungen ist [E 25 (1903)]. Wegen der Vergütung von Untergewicht bei cif- und c. & f.-Geschäften vgl. jedoch § 7. Ist mit Abladegewicht verkauft, so ist darunter das tatsächlich abgeladene Gewicht, das eventuell vom Verkäufer zu belegen ist [vgl. Anm. 5 zu § 7], maßgebend, sofern nicht ausdrücklich etwas anderes vereinbart ist. Eine etwa im Abladehafen bestehende Übung, das Stück (Sack, Kiste oder dgl.) mit einem bestimmten Gewicht zu handeln, kommt nicht in Betracht [1924. 20]. Anm. 2.

Die Feststellung des ausgelieferten Gewichtes kann durch amtliche Verwiegung am Kai oder auf sonstige Weise erfolgen. Der Verkäufer kann nicht verlangen, daß die Ware nur zur Gewichtsfeststellung über den Kai geht (z. B. wenn die Ware über Bremen im Leichter nach Hamburg kommt) [1911. 20]. Anm. 3.

Die Verwiegung der Ware ist durch den Käufer zu bewirken. Der Verkäufer hat das Recht, die Verwiegung beim Empfang zu kontrollieren, auch wenn keine amtliche Verwiegung erfolgt [1911. 20]. Anm. 4.

§ 6.

Anm. 5. Über die Frist, innerhalb deren die Verwiegung bei cif- und c. & f.-Geschäften erfolgen muß, vgl. § 4. Wird die Frist nicht innegehalten, so verliert die Klausel „ausgeliefertes Gewicht" nicht ihre Wirksamkeit. Der Verkäufer kann also nun nicht etwa ohne weiteres an Stelle des ausgelieferten das Abladegewicht zugrunde legen [1910. 12]. Aber der Käufer, der die Verwiegung verzögert hat, muß dem Verkäufer den durch die Verzögerung entstandenen Schaden ersetzen [1910. 12], so z. B. wenn die Ware nach Ablauf der Verwiegungsfrist am Kai beraubt ist. Die Beweislast für den Schaden hat der Verkäufer.

Anm. 6. Übersteigt das ausgelieferte Gewicht das Abladegewicht, ohne daß eine Beschädigung (z. B. durch Feuchtwerden) der Ware vorliegt, so geht dies zugunsten des Verkäufers. Hat der Käufer die rechtzeitige Feststellung des Gewichts verabsäumt, so kann in diesem Fall wegen der Schadensberechnung (vgl. Anm. 5) das Gewicht eines rechtzeitig amtlich verwogenen weiteren Teiles der Partie zugrunde gelegt werden [1911. 19].

§ 7.

(1) Bei „cif"- und „c. & f."-Geschäften ist das hier ermittelte Untergewicht über 1 % vom Verkäufer zu vergüten, soweit es nicht nachweislich auf Havarie oder andere vom Absender nicht abwendbare äußere Beschädigung zurückzuführen ist. Reklamationen wegen Untergewichts auf Teilmengen sind nicht zulässig.

(2) Bei Loko- und Abladegeschäften in getrockneten Früchten in Kistenpackung, die mit einem für jedes Kollo fest bestimmten Nettogewicht gehandelt werden, ist Untergewicht bis 1 % nicht zu vergüten.

(3) Bei Waren, die nicht mit einem für jedes Kollo fest bestimmten Nettogewicht gehandelt werden, findet außerdem hinsichtlich der Tara § 12 Abs. 2 Anwendung.

Anmerkung zu § 7 Ziffer 1. Ob das Untergewicht auf das Brutto- oder Nettogewicht zu berechnen ist, richtet sich danach, ob der Kaufpreis für Brutto- oder Nettogewicht bedungen ist. Hierzu drei Beispiele:

a) (Für alle Arten von Geschäften maßgebend.)

100 Kisten Äpfel, fakturiert à netto 25 kg	2500 kg
hier ermittelt brutto 2800 kg, Tara 400 kg netto	2400 kg
Untergewicht	100 kg

— 1% Franchise = 25 kg; somit sind 75 kg zu vergüten.

b) (Nur für „c. & f."- und „cif"-Geschäfte maßgebend.)

100 Kisten Rosinen sind fakturiert: Brutto 1000 kg, Tara 100 kg, netto 900 kg. Die Gewichtsfeststellung hat hier ergeben: brutto 980 kg, Tara 120 kg, so sind zu vergüten:

an Untergewicht auf Bruttogewicht 20 kg — 9 = 11 kg
an Mehrgewicht auf die Tara . . . 20 kg — 10 = 10 kg

zusammen . . . . . 21 kg

e) (Nur für „c. & f."- und „cif"-Geschäfte maßgebend).
Sind bei 10 Ballen Mandeln fakturiert: Brutto für netto 1000 kg, hier gewogen 980 kg, so ist auf das Untergewicht von 20 kg — 10 = 10 kg zu vergüten.

Platzusanzen: —

Geschichtliches: Die erste Fassung dieser Bestimmung lautete nur: „Bei nach Abladegewicht gehandelten Waren ist das Untergewicht über 1 % des berechneten Gewichtes vom Verkäufer zu vergüten." Es bestanden bei dieser Fassung Zweifel darüber, ob die Bestimmung auch auf cif- und c. & f.-Geschäfte anwendbar sei, weil bei diesen der Abladehafen als Erfüllungsort gelte. Deshalb wurde 1905 eine Änderung beschlossen, durch die die Geltung der Bestimmung auch für cif- und c. & f.-Geschäfte ausgesprochen wurde. Andererseits wurde sie aber gleichzeitig auf „Waren, welche mit einem für jedes Kollo festbestimmten Gewicht gehandelt werden" beschränkt. 1907 wurde ihre Geltung wieder auf alle getrockneten Früchte ausgedehnt, dabei aber gleichzeitig der heutige Absatz 3 hinzugefügt. 1908 erhielt der Paragraph im wesentlichen die heutige Fassung, jedoch stand der jetzige Absatz 2 dem Absatz 1 voran. In ersterem fehlte der ausdrückliche Hinweis, daß er für Loko- und Abladegeschäfte gelte und wurde statt von „Nettogewicht" nur von „Gewicht" gesprochen, in letzterem fehlte der zweite Satz über die Unzulässigkeit von Teilreklamationen. 1920 wurde die heutige Fassung beschlossen unter Umstellung der beiden ersten Absätze, weil der heutige erste Absatz allgemein, der zweite aber nur für getrocknete Früchte gilt, also spezieller ist. Durch die Bestimmung, daß Ansprüche wegen Untergewichts auf Teilmengen unzulässig sind, wurde eine bis dahin bestehende Unklarheit [E 27 (1909) gegen 1906. 11] beseitigt.

Nach der jetzigen Fassung gilt die Bestimmung des Absatz 1 nur für cif- und c. & f.-Abladegeschäfte, nicht auch für Lieferungsgeschäfte. Anm. 1.

Die im § 7 aufgestellten Grundsätze gelten stets, soweit nicht ausdrücklich etwas anderes, z. B. „Originalabladegewicht" ausbedungen ist (hierüber vgl. Anm. 6). Daraus, daß in der Schlußnote über eine Abladung aus einem englischen Hafen der Preisberechnung englisches Gewicht zugrunde gelegt ist, folgt nicht, daß mit englischem Abladegewicht verkauft ist [1921. 20]. Anm. 2.

Wenn im Absatz 1 von „hier" ermitteltem Untergewicht die Rede ist, so besagt das nicht, daß sich die Geltung auf Ankünfte in Hamburg Anm. 3.

beschränkt. Vielmehr gilt das Gleiche für Geschäfte mit Verladung nach anderen Häfen, z. B. cif Rotterdam [E 28 (1907)].

Anm. 4. Der Sinn des Absatz 1 ist der, daß der Käufer eine Vergütung für den natürlichen Schwund während der Reise erhalten soll. Dagegen soll im übrigen an dem für cif- und c. & f.-Geschäfte geltenden Grundsatz, daß die Gefahr der Reise vom Käufer zu tragen ist, nicht gerüttelt werden. Deshalb ist eine Vergütung für Mindergewicht infolge Havarie oder sonstige vom Absender nicht abwendbare Schäden, z. B. Beraubung, Feuer u. dgl., nicht zu gewähren. Die Beweislast dafür, daß ein solcher Schaden vorliegt, trifft jedoch den Verkäufer. Dieser Beweis ist aber geführt, wenn z. B. Säcke zerrissen und teilweise ausgelaufen ankommen. Dann kann der Käufer Ansprüche wegen des Untergewichts nur aus dem gänzlich anderen Gesichtspunkt erheben, daß die Ware schon in schadhaftem Zustande verladen ist. Hiergegen schützt den Verkäufer prima facie das rein gezeichnete Konnossement [E 29 (1910)].

Anm. 5. Ist mit „Originalabladegewicht" verkauft, so muß der Verkäufer, falls die Ware mit Untergewicht ankommt, das Abladegewicht nachweisen. Das Gewichtszertifikat kann eventuell auch noch nachträglich beigebracht werden. Geschieht dies, so kann Untergewicht nicht vergütet verlangt werden. Andernfalls ist das hier ermittelte Gewicht zuzüglich des erfahrungsgemäß während der Reise eintretenden Gewichtsabganges zu berechnen [1912. 12].

Anm. 6. Das Gleiche gilt, wenn mit der Bahn kommende Waren mit „Originalgewicht" verkauft sind. Auch in diesem Fall muß der Verkäufer auf Anfordern das Gewicht beweisen und kann nicht einfach das ihm von seinem Vordermann in Rechnung gestellte Gewicht berechnen. Andernfalls ist auch hier der auf der Reise eintretende Gewichtsschwund zu berücksichtigen, wenn mangels Beweises des Originalgewichts von dem hier ermittelten Gewicht ausgegangen wird [1922. 19].

Ist mit Originalgewicht verkauft und wird die Ware hier nach Eintreffen vom Verkäufer gedippt und neu gepackt, so müssen die Kisten ein dem Originalgewicht entsprechendes Gewicht haben [1917. 14].

Anm. 7. Ist „Originalgewicht, volle Kisten" verkauft, so wird dadurch die Lieferung von Anbruchskisten nicht ausgeschlossen, weil sich das Anbrechen einzelner Kisten schon wegen des Probenehmens nicht ganz vermeiden läßt. Die vollen Kisten sind dann nach dem Originalgewicht, die Anbruchkisten nach dem durch Verwiegen festgestellten, tatsächlichen Gewicht zu berechnen [1921. 21].

Ist mit „bahnamtlich gewogenem, eingeladenem Gewicht" verkauft, so steht dem Käufer der Beweis der Unrichtigkeit des bahnamtlich festgestellten Gewichts offen. Gelingt ihm dieser Beweis, so ist das tatsächliche Gewicht maßgebend [1919. 24]. Anm. 8.

Über die Kosten der Gewichtsfeststellung vgl. § 11. Anm. 9.

§ 8.

(1) Das Wort „circa" vor der Mengenangabe berechtigt den Verkäufer, 5% mehr oder weniger zu liefern.

(2) Soweit Rückregulierungen vorzunehmen sind, haben diese für die genauen Nennmengen zu erfolgen. Ein Abzug von 5% ist nicht zulässig.

Platzusanzen. Abs. 1: § 5 ebenso.
Abs. 2: eine einschlägige Bestimmung fehlt.

Geschichtliches: Der Absatz 1 kommt schon in der ersten Fassung vor und ist seitdem unverändert geblieben. Der Absatz 2 ist 1920 hinzugefügt, um mehrfach aufgetretene Zweifel [vgl. auch E 30 (1906)] zu beseitigen.

Der § 8 gilt für alle Geschäfte, sowohl Loko- wie Lieferungsgeschäfte und sowohl für Stückzahl als auch für Gewicht [1919. 24]. Anm. 1.

Erfolgt die Lieferung in Teilen, so ist jede Teillieferung für sich zu beurteilen und es kommt eine nicht beanstandete Zuviel- oder Zuweniglieferung der ersten Teillieferung auf die übrigen Teile nicht zur Verrechnung [E 30. (1904)]. Sind z. B. 50 Ballen zu je ca. 50 kg verkauft und zunächst 30 Ballen zu je 55 kg = 1650 kg geliefert, so müssen trotzdem die letzten 20 Ballen mit mindestens je 47,5 kg geliefert werden. Ebenso kann umgekehrt der Käufer, der ein im Verhältnis zur Stückzahl zu geringes Gewicht bei der ersten Teillieferung widerspruchslos angenommen hat, nicht bei der Lieferung des Restes ein entsprechendes Mehrgewicht verlangen. Anm. 2.

Enthält die Gewichtsangabe schon eine Marge, z. B. ca. 60—80 kg, so kommt das „circa" nicht mehr in Betracht. Es müssen also mindestens 60 kg (und nicht etwa nur 57 kg) geliefert werden [E 30. (1904)]. Anm. 3.

§ 8.

Anm. 4. Ist „circa" verkauft und gibt der Verkäufer dem Käufer später auf Anfrage nach der genauen Größe der Partie eine solche auf, so muß er die angegebene Menge liefern [E 30. (1906)].

Anm. 5. Muß der Verkäufer einer „circa" verkauften Partie seinem Käufer die gleiche Menge liefern, die ihm selbst von seinem Vordermann geliefert ist, oder darf er bis zu den Grenzen des Rahmens von 5% davon wegnehmen oder hinzutun? Es ist wiederholt ausgesprochen, daß eine solche Handlungsweise unfair ist [Vorst. 15. 2. 06 und 7. 1. 07]. Es verstößt aber nicht gegen den Wortlaut des § 8. Will sich der Käufer gegen eine solche Ausnutzung der Konjunktur durch den Verkäufer schützen, so muß er nicht „circa", sondern genau bestimmte Mengen kaufen [1919. 24].

Anm. 6. Der Absatz 2 ist auch für die Berechnung von Ansprüchen auf Schadensersatz wegen Nichterfüllung maßgebend. Sind z. B. 100 Kisten verkauft und nicht geliefert, so ist die Preisdifferenz auf 100 und nicht nur auf 95 Kisten zu berechnen.

Ist nach Stückzahl verkauft, so kommt für Stückregulierungen u. dgl. das handelsübliche Durchschnittsgewicht zur Berechnung, selbst wenn der gleiche Verkäufer auf frühere Kontrakte schwerere Stücke geliefert hat [1924. 20].

Anm. 7. Wenn ein Waggon von 10 000 kg verkauft ist, aber nur eine geringere Menge z. B. 9800 kg verladen sind, so muß der Verkäufer dem Käufer, der die Fracht für 10 000 kg bezahlen muß, die Fracht für die Fehlmenge (im Beispiel 200 kg) vergüten.

§ 9.

Bei amerikanischen evaporated Äpfeln und getrockneten kalifornischen Früchten können, wenn nicht bestimmtes Gewicht vereinbart ist, halbe Kisten mit 50 Pfd. amerikanisch oder 25 kg netto, viertel Kisten mit 25 Pfd. amerikanisch oder 12½ kg netto geliefert werden.

Platzusanzen enthalten keine solche Bestimmung, da es sich um eine Besonderheit handelt.

Geschichtliches: Eine solche Bestimmung fehlte ursprünglich. Sie ist zur Beseitigung von Zweifeln 1905 neu aufgenommen.

§ 10.

Gerechnet werden:

110 Pfd. amerikanisches Gewicht	**=**	**50,00 kg**
1 Ctw. (112 Pfd.) englisches Gewicht	**=**	**50,80 „**
100 Pfd. venetianisches Gewicht	**=**	**48,00 „**
1 pud russisches Gewicht	**=**	**16,38 „**

Platzusanzen enthalten keine einschlägige Bestimmung.

Geschichtliches: Die Usanzen von 1886 rechneten:

112 Pfd. amerikanisches Gewicht	=	50¾ kg
112 Pfd. englisches Gewicht	=	50¾ „
100 Pfd. venetianisches Gewicht	=	47½ „

Die ursprüngliche Fassung der W.V.B. enthielt auch nur Bestimmungen für diese drei Gewichte, für die beiden ersteren mit den heutigen Zahlen, für venetianisches Gewicht 100 Pfd. = 47,75 kg. Dies wurde 1907 auf 100 Pfd. = 48 kg abgeändert, um Übereinstimmung mit der in Patras üblichen Rechnung herbeizuführen. 1920 wurde die Angabe über das russische Pud hinzugefügt.

Von sonstigen Gewichten kommen in Betracht: 1 picul, indisch = 61,76 kg, 1 picul, chinesisch, japanisch (auch in Singapore und den anderen Straits-Häfen üblich) = 60,48 kg. Anm. 1.

§ 11.

(1) Die Kosten der Gewichtsfeststellung trägt bei „cif"- und „c. & f."-Geschäften nach ausgeliefertem Gewicht der Käufer.

(2) Bei nach ausgeliefertem Gewicht bedungener Fracht hat der Verfrachter (das Schiff) die Wägekosten zu tragen.

Platzusanzen. Abs. 1: dem Sinne nach § 6 Abs. 1 gleich: „Die Kosten der Gewichtsfeststellung trägt im allgemeinen der Verkäufer, jedoch bei „cif"- und „Kost-Fracht-Geschäften" nach ausgeliefertem Gewicht der Käufer."

Abs. 2: § 6 Abs. 2 wörtlich übereinstimmend.

Geschichtliches: Die Bestimmung fehlt in der ursprünglichen Fassung. 1905 wurde sie in Übereinstimmung mit den P.U. in dem Wortlaut des § 6 P.U. eingeführt. 1908 erhielt der Absatz 1 die Fassung: „Die Kosten der Gewichtsfeststellung trägt im allgemeinen der Verkäufer, jedoch bei Untergewichtsfeststellung und bei cif- und c. & f.-Geschäften der Käufer." 1920 wurde die heutige Fassung beschlossen.

Nach der heutigen Fassung gilt der Absatz 1 nur noch für cif- und c. & f.-Geschäfte nach ausgeliefertem Gewicht, aber nicht für andere Lieferungsgeschäfte. Das bedurfte besonderer Hervorhebung, weil sonst angenommen werden könnte, daß der Verkäufer, der Bezahlung Anm. 1.

nach ausgeliefertem Gewicht beansprucht, dieses nachweisen und deshalb auch die Wiegekosten tragen müßte.

Ist nicht mit ausgeliefertem Gewicht verkauft, so gehen die Wiegekosten im Ankunftshafen zu Lasten des Käufers, auch wenn bei der Verwiegung ein Untergewicht von mehr als 1% festgestellt wird, das nach § 7 Abs. 1 Anspruch auf Vergütung gibt. Denn grundsätzlich ist der Abladehafen Erfüllungsort [§ 39 Abl. 1], an dem die Pflichten und Lasten des Verkäufers enden. Sachlich ist also durch die Neufassung von 1920 insofern nichts geändert.

Anm. 2. Der Absatz 2 hat eigentlich nur akademisches Interesse, denn die Bedingungen gelten nur zwischen Verkäufer und Käufer, nicht aber auch zwischen diesem und dem Verfrachter. Von letzterem wird nun häufig, sei es auf Grund von Konnossementsklauseln, sei es auch ohne solche, die Verpflichtung, bei Zahlung der Fracht nach ausgeliefertem Gewicht die Wiegekosten zu tragen, bestritten. Es kann hier dahingestellt bleiben, ob eine solche Weigerung, wenn sie nicht auf eine Klausel im Konnossement gestützt werden kann, berechtigt ist. (Sie ist es nicht.) Wälzt das Schiff mit Recht oder Unrecht die Wiegekosten von sich ab, so bewendet es für das Verhältnis zwischen Verkäufer und Käufer bei den allgemeinen Grundsätzen, ohne daß der Absatz 2 die Rechtslage beeinflußt.

§ 12.

(1) Alle Tara=Ermittelungen müssen beim Empfang, und zwar, sofern nicht für einzelne Fälle anderes bestimmt ist, von beiden Parteien gemeinschaftlich vorgenommen werden; spätere Reklamationen sind unzulässig.

(2) Bei vom Kai zu empfangenden Waren ist jedoch das kaiseitig ermittelte Bruttogewicht und die kaiseitig gemäß § 14 Abs. 3 ermittelte Durchschnitts=Tara maßgebend, sofern nicht von der Gegenpartei vor dem Empfang eine gegenteilige Erklärung abgegeben wird.

(3) Bei der Tarierung ist auf Antrag zunächst die Tara und dann das Bruttogewicht festzustellen.

(4) Wegen der Tara bei den einzelnen Artikeln wird auf den Anhang verwiesen.

Platzusanzen: —

Geschichtliches: Absatz 1: Die Usanzen von 1886 ließen eine Tarierung auch noch innerhalb 24 Stunden nach dem Empfang zu, sofern die Ware noch auf dem Boden des Verkäufers lagerte. Die ursprüngliche Fassung der W.V.B. stimmt mit der heutigen überein, jedoch fehlten die Worte: „sofern nicht für einzelne Fälle anderes bestimmt ist". Diese Worte sind 1905 hinzugefügt.

Absätze 2 und 3 fehlten in der ursprünglichen Fassung und sind 1905 hinzugefügt.

Absatz 4: Ursprünglich waren in einem besonderen Paragraphen Tara [und der 1920 beseitigte Abschlag] für einzelne Artikel zusammengestellt. 1905 wurde diese Zusammenstellung in einen Anhang verwiesen und in den Text ein Hinweis aufgenommen.

Die Bestimmung, daß die Tara-Ermittelung von beiden Parteien gemeinsam vorgenommen werden muß, bedeutet nicht, daß der Verkäufer und Käufer persönlich oder durch Angestellte zugegen sein müssen. Die Tarierung durch Quartiersleute genügt [1922. 24]. Anm. 1.

Kommt zu der Tarierung zur bestimmten Stunde kein Vertreter der Gegenpartei, so ist die von der Partei einseitig ermittelte Tara maßgebend [1922. 24]. Anm. 2.

Eine Ermittlung der Tara ist unter allen Umständen erforderlich, soweit Rechte aus der Tara hergeleitet werden sollen [1924. 21]. Es kann nicht geltend gemacht werden, daß die Kosten der Tara-Ermittelung größer gewesen sein würden, als die auf Grund der Tara zu gewährende Vergütung [1923. 17]. Anm. 3.

Ist von einer Partei zunächst ein Teil empfangen und tariert, so ist, falls beim Empfang des Restes auf eine nochmalige Tarierung verzichtet wird, die früher ermittelte Tara auch dann für den Rest maßgebend, wenn dieser eine größere, tatsächliche Tara aufweisen sollte [1917. 16]. Anm. 4.

Eine Reklamation wegen der Tara hat grundsätzlich unverzüglich nach ihrer Feststellung zu erfolgen. Wenn der Verkäufer jedoch mit der Erfüllung seiner Verpflichtungen aus dem Vertrage im Rückstand ist, kann sie noch solange erfolgen, bis der Verkäufer restlos erfüllt hat [1921. 19 in einem Fall, in dem die Tara am Kai festgestellt war; der Verkäufer aber noch nicht die Einfuhrbewilligung, deren Beschaffung ihm oblag, übergeben hatte]. Anm. 5.

Wenn im Falle des Absatz 2 eine „gegenteilige Erklärung" abgegeben wird, so hat die Tarierung gemäß der Bestimmung des Absatz 1 zu erfolgen [1912. 19]. Anm. 6.

Zu Absatz 3 war bei der Neubearbeitung 1920 beantragt, die Worte „auf Antrag" zu streichen und so der Bestimmung allgemeine Geltung Anm. 7.

zu geben, da in der Praxis regelmäßig so verfahren werde. Der Antrag ist damals abgelehnt, weil sonst von den Hinterleuten Schwierigkeiten gemacht werden könnten, falls die Parteien in Übereinstimmung anders verfahren.

Anm. 8. Die im Anhang enthaltenen Bestimmungen für die Tara der einzelnen Artikel gelten nur für Platzgeschäfte. Ein im Jahre 1907 gestellter Antrag, ihre Geltung auch auf Abladegeschäfte auszudehnen, wurde abgelehnt, weil für solche die Gebräuche des Abladeortes gelten müßten [M.V. 15. 1. 1907].

Anm. 9. Zu Absatz 2 vgl. auch § 7 Absatz 3.

Anhang zu § 12.

Vergütung für Übersäcke.

Anm. 1. Nach der am Schlusse des Anhanges stehenden Anmerkung ist für Übersäcke Durchschnitts-Tara zu vergüten.

Anm. 2. Diese Bestimmung gilt auch dann, wenn in der Schlußnote eine bestimmte Tara (z. B. 1 kg) für den Sack ausgemacht ist. Der Käufer kann dann für vorhandene Übersäcke nicht die gleiche Tara beanspruchen, sondern nur die Durchschnittstara. Unterläßt er es, diese zu ermitteln, so kann er für die Übersäcke überhaupt keine Taravergütung beanspruchen [1922. 25].

Anm. 3. Nicht selten wird das Vorhandensein von Übersäcken erst nach dem Empfang bemerkt, und dann noch eine Vergütung dafür beansprucht. Im Jahre 1910 hatte das Schiedsgericht — allerdings in einem Falle, in dem das Vorhandensein der Übersäcke und ihr Gewicht unbestritten waren — ausgesprochen, daß noch nachträglich reklamiert werden könne [E 31 (1910)]. Schon im folgenden Jahre nahm das Schiedsgericht jedoch einen abweichenden Standpunkt ein und entschied, daß wegen der Übersäcke beim Empfang reklamiert werden müsse und spätere Beanstandungen unzulässig seien [1911. 18]. In diesem Falle hatte der Verkäufer das Vorhandensein von Übersäcken bestritten. Diesem Standpunkt schloß sich das Schiedsgericht in einer weiteren Entscheidung an, indem es aussprach, daß, da das Vorhandensein von Übersäcken zwar kein Qualitätsmangel im eigentlichen Sinne, aber doch als ein einem solchen sehr verwandter Mangel anzusehen sei, auch der § 3 Anwendung finden müsse, so daß schon aus diesem Grunde eine spätere Beanstandung unzulässig sei [1920. 20]. Seitdem wird ständig eine nachträgliche Beanstandung nicht mehr zugelassen [vgl. auch 1922. 25].

§ 13.

(1) Unter Faktura-Tara ist, wenn nichts anderes bemerkt, die in der Faktura des Abladeortes genannte zu verstehen.

(2) Wenn die reine Tara die Faktura-Tara oder Prozent-Tara um mehr als 1 % des Bruttogewichts der betreffenden Ware übersteigt, so ist die Differenz über 1 % vom Verkäufer zu vergüten (z. B. wenn bei einem Kollo von 700 kg die Faktura-Tara 60 kg, die reine Tara 80 kg beträgt, so sind 20 — 7 = 13 kg zu vergüten).

Platzusanzen: —

Geschichtliches: Die auf die Prozent-Tara bezügliche Bestimmung im Absatz 2 ist erst 1920 aufgenommen. Abgesehen hiervon ist die Bestimmung schon in der ursprünglichen Fassung [der Absatz 2 bereits in den Usanzen von 1886] enthalten, jedoch stand der heutige Absatz 2 voran. Die Umstellung ist 1905 erfolgt.

Die Bestimmung des Absatz 1 hat zur Folge, daß, wenn die Ware hier durch mehrere Hände geht, gleichwohl die in der Rechnung des Abladers angegebene Tara zu berücksichtigen ist. Sie muß auf Verlangen nachgewiesen werden. Ein bei der Neubearbeitung im Jahre 1920 gestellter Antrag, statt der Faktura des Abladers die Faktura des letzten Vorverkäufers als maßgebend zu erklären, wurde damals abgelehnt. Anm. 1.

Die Bestimmung des Absatz 2 bezweckt, zu verhindern, daß der Käufer durch eine erhebliche Überschreitung der Fakturen-Tara bzw. Prozent-Tara durch die reine, d. h. tatsächliche Tara geschädigt wird. Ursprünglich hatte die Bestimmung, wie bereits erwähnt ist, nur für die Fakturen-Tara gegolten. Ein im Jahre 1919 vorgekommener Fall [1919. 25] gab Veranlassung, sie auch für die Prozent-Tara auszudehnen. Anm. 2.

Übrigens kann unter Umständen auch schon eine Überschreitung der Prozent-Tara um weniger als 1 % zur Vergütung berechtigen, nämlich dann, wenn eine nicht handelsübliche ungewöhnlich schwere Verpackung, z. B. schwere Eisenbänder um Rosinenkisten, vorliegt. Das Gewicht der Eisenbänder ist in diesem Falle besonders zu vergüten, jedoch nur, wenn dadurch die Prozent-Tara überschritten wird [1920. 19]. Anm. 3.

§ 14.

(1) Unter Durchschnitts-Tara ist die hier ermittelte zu verstehen.

(2) Wenn eine mit Durchschnitts-Tara gehandelte Partie ganz oder geteilt weiterverkauft wird, so ist, falls der Käufer es verlangt, beim Empfang von neuem die Durchschnitts-Tara zu ermitteln. Jedoch hat dieses auf die früheren Verkäufe keine Rückwirkung.

(3) Zwecks Ermittelung der Durchschnitts-Tara kann jede Partei bei Partien bis zu 1000 Kolli die Tarierung von 5 %, höchstens aber 20 Kolli, bei Partien von 1000 Kolli und mehr von 2 % der Kolli verlangen, wobei angefangene 100 für voll gerechnet werden.

Platzusanzen: —

Geschichtliches: Die Usanzen von 1886 hatten bereits eine dem heutigen Absatz 2 Satz 1 entsprechende Bestimmung. Nach ihr hatte der Käufer das Recht, bei Partien von bis 100 Kolli 5 Kolli, bei größeren Partien 5 % der Kolli zu tarieren. Die ursprüngliche Fassung der W.B.B. entsprach bereits der heutigen, nur stand der jetzige Absatz 1 am Ende des Paragraphen. Die Umstellung ist 1905 erfolgt.

§ 15.

(1) Bei allen Verkäufen hat die Zahlung, sofern nichts anderes vereinbart ist, netto Kasse ohne Skonto zu erfolgen.

(2) Zahlungen auf angediente Dokumente sind am gleichen Tage zu leisten, wenn die Papiere dem Käufer eine Stunde vor dem Zeitpunkt eingereicht sind, bis zu welchem die Hauptbanken Abschreibezettel ohne Extragebühr annehmen.

Platzusanzen: —

Geschichtliches. A b s a t z 1: Nach den früheren Fassungen war bei Kassezahlungen 1 % Skonto zu vergüten. Außerdem war bei Mengen über 250 kg brutto ein Abschlag zu vergüten, dessen Höhe für einzelne Waren verschieden war, der aber grundsätzlich 3 ‰ betrug. Mit beiden Vergütungen ist bei der Neuordnung 1920 ein Ende gemacht. Seitdem ist grundsätzlich ohne jeden Abzug zu zahlen.

A b s a t z 2: Diese Bestimmung ist erst 1913 aufgenommen, weil hierüber Unklarheit bestand [vgl. E 22 (1906)] und zwar in folgender Fassung:

> „Zahlungen auf Dokumente und sofort fällige Rechnungen sind am gleichen „Tage zu leisten, wenn die Einreichung der Papiere werktäglich bis 12 Uhr „mittags, an Sonnabenden im Sommerhalbjahr sowie an sonstigen Tagen mit „gleichem Bankschluß bis ½12 Uhr vormittags stattgefunden hat."

Bei der Neubearbeitung im Jahre 1920 wurde der Hinweis auf die sofort fälligen Rechnungen gestrichen, weil deren Einreichung mit der Andienung von Dokumenten nicht auf gleicher Stufe steht und sich bei ihnen sofortige Zahlung von selbst versteht. Andererseits hat man damals davon Abstand genommen, die Fristen zahlenmäßig zu bestimmen, weil in der Inflationszeit die Uhrzeiten des Bankschlusses häufig geändert wurden.

Dieser Paragraph gehört eigentlich nicht unter den Abschnitt III, der nach seiner Überschrift von der Tara handelt, sondern müßte richtiger einen Abschnitt für sich bilden. Anm. 1.

Grundsätzlich ist nach dem Gesetz Zahlung Zug um Zug gegen Übergabe der verkauften Ware zu leisten. Indessen läßt sich dies im Handelsverkehr nicht durchführen. Infolgedessen wird usanzemäßig gegen entsprechende Unterlagen gezahlt und auch das nicht in bar, sondern in der Regel durch Überweisung, bei Verkäufen in ausländischer Währung vielfach auch durch Scheck. Infolgedessen entsteht zwischen der Übergabe der entsprechenden Papiere und der tatsächlichen Zahlung eine gewisse Spanne. Will der Verkäufer aus irgendwelchen Gründen Zahlung Zug um Zug bei Empfang der Ware beanspruchen, so ist er dazu natürlich berechtigt. Er muß dies dann aber, wenn nicht schon in der Schlußnote etwas darüber gesagt ist, dem Verkäufer vorher mitteilen. Es genügt nicht, daß er einen Vermerk auf den Lieferschein setzt [1921. 24]. Steht in der Schlußnote eine Klausel „Zahlung bei Empfang" oder „Zahlung per komptant", so bedeutet das, daß Kasse an der Schale zu leisten ist. In diesem Fall kann der Käufer auch nicht einwenden, daß der Verkäufer in früheren Fällen trotz gleicher Klausel mit Banküberweisung einverstanden gewesen sei [1914/16. 10]. Auch kann der Verkäufer auf diese Klausel zurückgreifen, wenn er zunächst nur Überweisung gefordert hatte [1913. 12]. Anm. 2.

Wenn der Käufer statt bar oder durch Überweisung mit einem Scheck zahlt, so muß er dem Verkäufer die diesem entstehenden Einziehungskosten vergüten. [1923. 23.] Ebenso muß der Verkäufer dem Käufer unter Umständen für die Tage, um die sich der Eingang des Geldes gegenüber einer Überweisung verzögert, Verzugszinsen entrichten. Anm. 3.

Manche ausländische Staaten erheben einen Scheckstempel [so England 2 d, Holland 10 cts]. Ist keine Zahlung durch Scheck vorgesehen, wird aber ein solcher gegeben, so muß der Käufer dem Verkäufer auch den Scheckstempel vergüten. Das Gleiche gilt, wenn zwar Zahlung durch Scheck vereinbart war, statt eines Schecks über den ganzen Anm. 4.

Betrag aber mehrere Schecks über Teilbeträge gegeben werden. Dann geht nur der Scheckstempel für einen Scheck zu Lasten des Verkäufers, und der Käufer muß ihm den Stempel für die weiteren Schecks vergüten [1922. 36].

Anm. 5. Wenn nichts derartiges vereinbart war, braucht der Verkäufer noch weniger als einen Scheck einen Wechsel anzunehmen, auch wenn dieser diskontfähig, und wenn sich der Käufer erbietet, die Diskontspesen oder Zinsen zu zahlen [1923. 21], der Verkäufer muß aber alsbald widersprechen. Behält er den Wechsel, ohne Widerspruch zu erheben, so erklärt er sich stillschweigend einverstanden.

Anm. 6. Unter „Dokumenten" im Sinne des Absatzes 2 sind nicht nur solche im Sinne der Klausel „Kasse gegen Dokumente" (hierüber vgl. Anhang 2 zu § 15), sondern alle Papiere anzusehen, gegen die Zahlung geleistet wird, also auch Lieferscheine u. dgl.

Anm. 7. Der Zeitpunkt, bis zu dem die Dokumente angedient werden müssen, richtet sich nach demjenigen, bis zu welchem die Hauptbanken Abschreibezettel ohne Extragebühr annehmen. Das Wort „Hauptbanken" bedeutet dabei einen Gegensatz zu den Depositenkassen, die die Annahme von Abschreibezetteln teilweise schon früher schließen. Der Absatz 2 ist praktisch nur auf Zahlungen in deutscher Währung anwendbar. Ist Zahlung in fremder Währung, vor allem in Prima-Bankscheck bedungen, so muß der Käufer sich meist erst einen Scheck besorgen. Infolgedessen war eine Zahlung des Käufers am gleichen Tage, wenigstens dann, wenn der genaue Rechnungsbetrag vorher nicht aufgegeben ist, in der Inflationszeit und noch lange danach praktisch selbst bei gutem Willen des Käufers nicht möglich. Selbst bei vorheriger Aufgabe des genauen Rechnungsbetrages kann eine Zahlung am gleichen Tage nicht verlangt werden, wenn nicht rechtzeitig vorher mitgeteilt wird, an welchem Tage die Andienung erfolgen wird, denn es kann nicht erwartet werden, daß der Käufer auf unbestimmte Zeit hinaus einen Scheck hinlegt und so den Betrag brach liegen läßt.

Anm. 8. Über die Hingabe von Dokumenten zu getreuen Händen, die hiermit in gewissem Zusammenhange steht, vgl. Anhang 1 zu § 15.

Im übrigen seien an dieser Stelle noch einige allgemeine Bemerkungen über Zahlung gemacht.

Anm. 9. Ist eine Ware verzollt verkauft und wird der Zoll nach Abschluß des Geschäftes, aber vor der Lieferung ermäßigt oder aufgehoben, so hat der Käufer keinen Anspruch auf Ermäßigung des Preises, auch dann nicht, wenn der Verkäufer die Ware erst nach der Ermäßigung oder Aufhebung des Zolles in das Zollgebiet eingeführt hat [1914/16. 20].

Wenn cif einem Hafen verkauft ist und der Verkäufer die Ware auf nachträglichem Wunsch des Käufers nach einem anderen, dem Abladeort näher gelegenen Hafen verlädt, so kann der Käufer nicht den Kaufpreis um die Differenz der Frachten nach den verschiedenen Häfen kürzen [E 63 (1909), 1911. 18]. Anm. 10.

Eine Aufrechnung mit Gegenforderungen aus anderen mit dem Geschäft, für das gerade Zahlung zu leisten ist, nicht in unmittelbarem Zusammenhang stehenden Geschäften wird — im Gegensatz zu § 387 BGB — als unzulässig angesehen, soweit die Gegenforderung nicht ausdrücklich anerkannt ist [1917. 23, 1924. 30]. Anm. 11. Anm. 12.

Versieht sich der Verkäufer bei der Aufmachung seiner Rechnung, indem er ein falsches Gewicht einsetzt, so kann er nachträglich nicht noch eine Nachzahlung fordern, wenn der Käufer seinerseits schon auf Grund des ihm vom Verkäufer aufgegebenen Gewichtes weiter verkauft und mit seinem Käufer abgerechnet hat [1921. 33], sofern nicht der Käufer das Versehen bemerkt hat oder es bei erheblicher Abweichung hätte bemerken müssen. Anm. 13.

Wenn der Schuldner den Gläubiger um Aufgabe der zu zahlenden Beträge bittet, der Gläubiger sie, ohne irgendeinen Vorbehalt zu machen, aufgibt und der Schuldner den aufgegebenen Betrag sofort bezahlt, so kann der Gläubiger nicht noch nachträglich mit Schadenersatzansprüchen [Verzugszinsen, Geldentwertung u. dgl.] hervortreten [1923. 22]. Anm. 14.

Niemals kann sich ein Schuldner darauf berufen, daß ihm infolge höherer Gewalt erwartete Zahlungen ausgeblieben seien. Das berührt nur Zahlenkönnen, aber nicht das Zahlenmüssen [1923. 20].

Anhang 1 zu § 15.

„Zu getreuen Händen" gegebene Dokumente.

Wie bereits in Anm. 2 zu § 15 ausgeführt wurde, entsteht zwischen der Übergabe der Dokumente und der tatsächlichen Zahlung, zumal wenn diese durch Überweisung oder Bankscheck erfolgt, eine gewisse Spanne. Da nun der Verkäufer nicht vorzuleisten braucht und dazu schon aus Sicherheitsgründen nicht geneigt ist, übergibt er die Dokumente regelmäßig nicht endgültig, sondern nur „zu getreuen Händen", Anm. 1.

meist mit dem Zusatz, daß der Käufer sich ihrer nur gegen Zahlung des Rechnungsbetrages bedienen dürfe. Der Sinn dieser Bedingung ist der, daß der Verkäufer sich bis zur tatsächlichen Bezahlung das Eigentum an den Dokumenten und der dadurch (wenigstens bei Konnossementen u. dgl.) repräsentierten Ware vorbehält, und daß der Käufer sich solange nicht der Dokumente bedienen darf. Der Käufer darf sich also solange nicht auf Grund der Dokumente in den Besitz der Ware selbst setzen. Er darf aber auch die Dokumente nicht zur Erfüllung ihm gegenüber Dritten obliegender Verbindlichkeiten benutzen, denn dann würde er ja wie ein Eigentümer darüber verfügen. Der Käufer darf also die zu getreuen Händen bekommenen Dokumente nicht weiter andienen.

Dieser elementare Grundsatz ist leider in der Nachkriegszeit vielfach, vor allem von den neuen Firmen, nicht beachtet worden. Nicht selten hatten Firmen Kontrakte „durchgehandelt", und waren nicht in der Lage, die vorkommenden Dokumente aus eigenen Mitteln zu bezahlen, sondern benötigten dazu erst den von ihren Käufern zu bezahlenden Kaufpreis. Oft ging es ihren Käufern nicht anders und so gingen die zu getreuen Händen bekommenen und ebenso weitergegebenen Dokumente von einer Hand zur anderen, bis schließlich das letzte Glied der Kette zahlte, in welchem Falle der Gegenwert von Hand zu Hand die Kette rückwärts wanderte, um erst nach Tagen beim ersten Verkäufer anzukommen, oder aber auch nicht zahlte, in welchem Falle die Dokumente günstigenfalls schließlich unbezahlt beim ersten Glied wieder ankamen.

Anm. 2. Eine solche Verwendung der Dokumente, gleichgültig, ob sie durch eine Hand erfolgt oder ob die Dokumente durch mehrere Hände wandern, stellt unter allen Umständen „eine mit der Ehre und dem Anspruch auf kaufmännisches Vertrauen nicht zu vereinbarende Handlung" [§ 10 Börsengesetz] dar und ist ehrengerichtlich strafbar. Das Ehrengericht der Hamburger Börse ist denn auch in allen ihm zur Kenntnis gekommenen Fällen nachdrücklich eingeschritten. Die vielfach zutage getretene Unklarheit über die bei der Hinnahme von Dokumenten zu getreuen Händen geltenden Gesichtspunkte hat die Handelskammer veranlaßt, die Bedeutung der Klausel durch folgende Bekanntmachung vom 25. 11. 1924 [Mitteilungen der Handelskammer 1924. 422] näher zu bestimmen:

„Werden Dokumente zu getreuen Händen angedient, so ist der

„Empfänger nicht berechtigt, den Gewahrsam an den Dokumenten „aufzugeben, insbesondere diese — unter welchen Bedingungen „es auch immer sein mag — zu getreuen Händen weiterzugeben. „Der Empfänger ist vielmehr verpflichtet, die Dokumente dem Prä„sentanten bis spätestens 5 Uhr nachmittags des Andienungstages „zurückzugeben, wenn nicht volle Leistung des Gegenwertes er„folgt ist."

Die Handelskammer hat diesen Grundsatz auch gegenüber einem Urteil des hanseatischen Oberlandesgerichts [Hanseatische Gerichtszeitung Hbl. 1925. Nr. 33], das den Käufer, der mit der Klausel „Zahlung nach Empfang" gekauft hatte, für berechtigt erklärte, vor Bezahlung des Kaufpreises die Ware am Kai zu untersuchen, weil er dabei die ihm zu treuen Händen übergebenen Dokumente nicht aus der Hand zu geben brauche, mit Nachdruck aufrechterhalten und geraten, sich durch dies Urteil nicht bestimmen zu lassen, von der strengen Auffassung abzuweichen [Mitteilungen 1925. 85].

Der in der Bekanntmachung der Handelskammer aufgestellte Grundsatz, daß die Dokumente am Andienungstage zurückgegeben werden müssen, wenn nicht die volle Leistung des Gegenwertes erfolgt ist, geht sehr weit. Wenn die Zahlung in Bankscheck in fremder Währung zu erfolgen hat, so wird der Käufer häufig nicht in der Lage sein, den Scheck noch am selben Tage zu beschaffen und dem Verkäufer zu übergeben. Es wäre also an sich noch gar nichts darin zu erblicken, wenn er die Dokumente solange behält, bis er den — natürlich alsbald bestellten — Scheck von seiner Bank bekommt. Hiergegen wird in der Regel auch der Verkäufer nichts einzuwenden haben. Es empfiehlt sich aber mit Rücksicht auf die Bekanntmachung der Handelskammer, die das Ehrengericht sich im wesentlichen zur Richtschnur für seine Entscheidungen machen wird, dieses im Einzelfalle mit dem Verkäufer zum mindesten durch ein Gespräch klarzustellen.

Im übrigen interessiert hier nicht die ehrengerichtlich-strafrechtliche, sondern nur die zivilrechtliche Seite der Sache. Anm. 3.

In dieser Beziehung ist festzustellen, daß der Käufer sich, wenn er sich entgegen der Klausel der Dokumente bedient, sei es, daß er darauf die Ware zu empfangen versucht, sei es, daß er sie seinerseits weiter andient, jeden Rechtes auf Beanstandung der Dokumente, soweit er ein solches sonst etwa haben würde, begibt [vgl. auch Anm. 23 zu § 3]. Ein solches „Sichbedienen" der Dokumente liegt auch schon vor, wenn der Käufer sein Giro auf ein Konnossement setzt. Er kann die Folgen auch nicht dadurch aus der Welt schaffen, daß er das Giro nachträglich wieder durchstreicht. Ein Sichbedienen oder Weitergeben der Dokumente liegt dagegen nicht vor, wenn der Käufer die Dokumente, über deren Andienungsfähigkeit vielleicht ein Zweifel besteht, seinem Hintermann zeigt und diesen fragt, ob er sie aufnehmen wird, um danach seine eigene Entscheidung zu richten und zu vermeiden, daß er sich zwischen zwei Stühle setzt. Nur darf er dabei die Dokumente nicht aus seinem Gewahrsam geben, sie insbesondere nicht seinen Hintermann zu getreuen Händen weitergeben.

Anm. 4. Auch wenn der Käufer die Dokumente nicht weitergibt, sie aber über Gebühr behält, ohne sie zurückzugeben, so liegt darin das Anerkenntnis der Andienbarkeit und der Verzicht auf das Recht einer Beanstandung.

Anm. 5. Dokumente im Sinne der Klausel sind nicht nur solche im Sinne der Klausel „Kasse gegen Dokumente" beim cif-Geschäft, sondern alle Papiere, gegen die Zahlung geleistet wird, also auch Lagerscheine, Duplikatfrachtbriefe, Lieferscheine u. dgl.

Anm. 6. Über die Klausel „Kasse gegen Dokumente" vgl. Anhang 2 zu § 15.

Anhang 2 zu § 15.

Kasse gegen Dokumente.

Anm. 1. Bei Abladungsgeschäften, insbesondere bei solchen, bei denen die Beförderung zur See erfolgt, wird die Abwicklung regelmäßig nicht so lange hinausgeschoben, bis die Ware am Bestimmungsort angekommen ist und körperlich übergeben werden kann, sondern sie erfolgt, wenigstens vorläufig, schon während die Ware noch unterwegs ist. Das hängt damit zusammen, daß bei cif- und c. & f.-Geschäften der Abladeort Erfüllungsort ist [§ 39 Abs. 1], der Verkäufer also mit der Abladung und eventuell der Versicherung alles getan hat, was ihm zu tun obliegt. Der Käufer ist deshalb in diesem Falle, wenn nicht etwas Anderes ausdrücklich vereinbart ist [z. B. Zahlung bei Eintreffen des Dampfers auf der Elbe], schon dann zur Zahlung verpflichtet, wenn ihm der Verkäufer den Nachweis über die erfolgte Abladung und eventuell Versicherung in Gestalt der Dokumente bringt. Da nun andererseits der Käufer die Möglichkeit haben muß, ohne besondere Formalitäten die Verfügung über die Dokumente und dementsprechend den Besitz an der noch unterwegs befindlichen Ware zu erlangen, hat das Gesetz das Konnossement mit besonderen Rechten ausgestattet und es vor allem zu einem durch einfaches Indossament übertragbaren, sog. Traditionspapier gemacht, das den durch Giro ausgewiesenen Inhaber zum Besitzer der Ware macht, so daß durch die mit dem Willen der Eigentumsübertragung erfolgende Übergabe des girierten Konnossements auch das Eigentum an der Ware übergeht, ohne daß es erst der formellen Abtretung des Herausgabeanspruches gegen den unmittelbaren Besitzer, den Schiffer, bedarf. Diese Tatsache hebt das Konnossement und den ihm im Flußschiffahrtsverkehr entsprechenden Ladeschein, für den das Gleiche gilt, sehr wesentlich gegen andere Verladepapiere wie z. B. den Duplikatfrachtbrief oder die Spediteurrezepisse ab. Von einem Dokumentengeschäft in eigentlichem Sinne kann daher nur beim cif, c. & f.= und fob=Geschäft gesprochen werden.

Wenn dieses auch in den folgenden Ausführungen vor allem besprochen werden soll, so sei doch kurz auf die anderen Verladepapiere eingegangen. Da sie nicht den Besitz an der Ware repräsentieren und keine Traditionspapiere sind, geht mit ihrer Übergabe das Eigentum an der Ware nicht ohne weiteres über. Ja, sie geben dem sie empfangenden Käufer nicht einmal eine Gewähr dafür, daß er darauf die Ware wirklich erhält. Denn während der Verkäufer nach der Übergabe des Konnossements, wenn mehrere Exemplare ausgestellt sind, des ganzen Satzes desselben, nicht mehr über die Ware verfügen kann, kann er bei der Bahnverladung unter Umständen trotz der Übergabe des Duplikatfrachtbriefs die Ware noch auf der Reise anhalten oder zurückbeordern. Und während der Duplikatfrachtbrief wenigstens dartut, daß die Ware tatsächlich verladen ist, ist dies bei der sog. Spediteurrezepisse, wie sie im Donauverkehr üblich ist, nicht einmal der Fall. Man muß sich wirklich wundern, daß manche Kreise des Handels die hierin liegenden Gefahren nicht höher einschätzen, zumal da sie immer wieder zu Schwierigkeiten führen. In dieser Beziehung ist daher Vorsicht geboten. Ist aber einmal Zahlung Kasse gegen Duplikatfrachtbrief usw. vereinbart, so gelten dafür die folgenden Bemerkungen mutatis mutandis analog. Anm. 2.

Der Begriff des Dokumentengeschäftes [im folgenden insbesondere auf cif= und c. & f.=Geschäfte bezogen] darf nicht zu der gelegentlich zu beobachtenden Anschauung verführen, daß nun die Dokumente als solche Gegenstand des Geschäftes wären. Vielmehr bleibt Gegenstand des Geschäftes nach wie vor die Ware selbst. Sie wird nur durch die Anm. 3.

Dokumente repräsentiert. Es muß deshalb gegen die Dokumente gezahlt werden, als ob die Ware selbst gegeben würde. Wenn sich dann aber nach Eintreffen der Ware herausstellt, daß sie trotz der äußerlichen Vertragsmäßigkeit der Dokumente nicht vertragsmäßig ist, daß sie z. B. mangelhaft ist oder Untergewicht hat [wobei jedoch ein während der Reise eingetretener Mangel oder Verlust außer Betracht bleibt, weil der Abladeort Erfüllungsort ist und die Gefahr der Reise zu Lasten des Käufers geht (vgl. Anm. 2 und 3 zu § 39)], so hat der Verkäufer dem Käufer hierfür aufzukommen und ihm einen entsprechenden Teil des gegen die Dokumente gezahlten Kaufpreises, unter Umständen, z. B. wenn Wandelung beansprucht werden kann, auch den ganzen Kaufpreis zurückzuzahlen. Auf jeden Fall — und das gehört zum Wesen des Dokumentengeschäftes — muß der Käufer aber erst einmal gegen die Dokumente zahlen.

Anm. 4. Das geht so weit, daß der Käufer, sofern nur die Dokumente formell den Vertragsbedingungen entsprechen und in Ordnung sind, grundsätzlich nicht berechtigt ist, die Zahlung aus irgendeinem Grunde hinauszuziehen, bis er sich ein Bild von der Beschaffenheit der Ware machen und beurteilen kann, ob er etwa Gegenansprüche wegen Minderwertes o. dgl. erheben kann. So kann z. B. der Käufer, sofern nicht etwa etwas Derartiges bei Abschluß des Vertrages besonders ausbedungen ist, die Aufnahme der Dokumente nicht davon abhängig machen, daß ihm erst ein Ausfallmuster der abgeladenen Ware vorgelegt werde, weil in der fraglichen Zeit nicht immer vertragmäßig abgeladen sei [E 63 (1902/3)]. Ja, auch wenn der Dampfer bereits in Hamburg eingetroffen ist, hat er keinen Anspruch auf vorherige Untersuchung der Ware. Das ist in betontem Gegensatz zu der Rechtsprechung des Reichsgerichts besonders hervorgehoben [E 62 (1908)]. Anders dürfte der Fall jedoch zu beurteilen sein, wenn etwa der Verkäufer auf Grund eines Abschlusses mehrere Abladungen zu verschiedenen Zeiten an denselben Käufer zu machen hat und die ersten Abladungen sich durchweg als sehr erheblich minderwertig gezeigt haben. Dann würde dem Käufer bei einer späteren Abladung das Recht zuzusprechen sein, die Aufnahme der Dokumente von einer vorherigen Untersuchung der Ware abhängig zu machen, aber nur in dem Falle, daß die Ware bereits eingetroffen ist, eine nennenswerte Verzögerung durch die Untersuchung also nicht eintritt [So angedeutet in E 62 (1908)].

Ebensowenig darf der Käufer bei der Zahlung irgendwelche Abzüge aus irgendeinem Grunde machen. Er darf also nicht einen Teil des Kaufpreises einbehalten, um sich bezüglich etwaiger Gegenansprüche wegen Minderwertes der Ware o. dgl. zu sichern [E 61 (1904), E 62 (1907)]. Selbst wenn der Käufer bei einer Besichtigung der Ware, die er ja, da die Dokumente regelmäßig zu getreuen Händen gegeben werden, vor der Zahlung gar nicht vornehmen durfte, Mängel festgestellt hat oder zu haben glaubt, darf er deswegen keinen Abzug machen. Er muß erst einmal zahlen und muß dann arbitrieren. Bei „Kasse gegen Dokumente"-Geschäften muß der Käufer, der Ansprüche wegen Minderwert oder Mindergewicht erhebt, immer in der Rolle des Fordernden, eventuell des Klägers sein [1924. 26]. Er darf auch nicht etwa Abzüge machen, weil das Durchschnittsgewicht der einzelnen Stücke zu gering ist. Er mag deshalb vielleicht berechtigt sein, die Aufnahme der Dokumente wegen Unvertragmäßigkeit zu verweigern. Nimmt er sie aber auf, so muß er den vollen Rechnungsbetrag dagegen zahlen. [E 62 (1903)]. Endlich ist auch eine Kürzung im Wege der Aufrechnung mit einer bis dahin nicht einzubringenden Gegenforderung gegen den Verkäufer unzulässig [E 61 (1904)]. Andererseits ist aber natürlich auch der Verkäufer nicht berechtigt, die Auslieferung der Dokumente von der Zahlung auch anderer Beträge neben dem Rechnungsbetrag abhängig zu machen. Tut er dies, so braucht der Käufer nicht aufzunehmen. Hat er solches in einem Falle zu Unrecht versucht, so befreit das den Käufer aber natürlich nicht von der Aufnahmepflicht in anderen Fällen, in denen es nicht geschieht [E 32 (1910)]. Anm. 5.

Die Verpflichtung des Käufers, gegen die Dokumente zu zahlen, bringt für den Käufer die Gefahr mit sich, daß der Verkäufer in der oft ziemlich langen Zeit bis zum Eintreffen der Ware in Vermögensverfall gerät, und er später mit seinen etwaigen Ansprüchen wegen unvertragsmäßiger Beschaffenheit der Ware ausfällt. Diese Gefahr muß aber der Käufer laufen, da er sich zur Vorleistung verpflichtet hat. Nur in dem Falle gilt etwas anderes, wenn der Verkäufer schon zur Zeit der Andienung der Dokumente in Zahlungsschwierigkeiten ist. Indessen kann dies nicht dazu führen, daß der Käufer nun einfach Aufschub für die Zahlung bis zum Eintreffen der Ware bekommt. Vielmehr muß er auch dann zahlen, sofern ihm der Verkäufer Sicherheiten bietet, indem er ihm eine gute Bürgschaft eines Dritten für Anm. 6.

seine etwaigen späteren Ansprüche bringt, die Einbehaltung eines angemessenen Teiles des Rechnungsbetrages gestattet [1910. 14] oder sich mit Zahlung an eine Bank als Treuhänder einverstanden erklärt.

Anm. 7. Als „Dokumente" im Sinne der Klausel kommen bei c. & f.-Geschäften das Verladedokument, bei cif-Geschäften außerdem noch das Versicherungsdokument in Betracht. Sie müssen angedient werden, damit die Kasse gefordert werden kann.

Anm. 8. Als Verladedokument ist grundsätzlich ein Konnossement anzudienen. Darüber, ob ein sog. shipped-Konnossement angedient werden muß oder auch ein received-Konnossement angedient werden kann, vgl. Anm. 9 ff. zu § 36. Das Konnossement muß erkennen lassen, daß vertragsmäßig abgeladen ist. Dies bezieht sich auf den Zeitpunkt und Ort der Abladung, die Bezeichnung der Ware, die Stückzahl und das Gewicht.

Anm. 9. Über den Zeitpunkt der Abladung vgl. die Anmerkungen zu § 35. Falls ausnahmsweise nicht das Datum des Konnossements, sondern dasjenige des masters receipt maßgebend sein sollte [vgl. hierzu Anm. 4 zu § 35], so sind dem Konnossement bei der Andienung die entsprechenden Belege beizufügen. Über den Ort der Abladung vgl. Anm. 2 und 3 im Anhang zu § 36. Ist die Beförderung mit Umladung erfolgt und über den letzten Abschnitt der Reise ein besonderes Konnossement ausgestellt, so ist der Nachweis über die zeitlich und örtlich richtige ursprüngliche Abladung bei der Andienung zu erbringen [vgl. Anm. 14 zu § 36].

Anm. 10. Die Bezeichnung der Ware im Konnossement muß gattungsmäßig dem Verkaufsvertrag entsprechen. Sie braucht sich dagegen nicht auf eine genaue Qualitätsbezeichnung zu erstrecken. So genügt es z. B. wenn schlechthin Rosinen angegeben sind, wenn auch die Schlußnote von Extrissima Kioup Vourla Elemes spricht. Im übrigen schadet es nicht einmal unheilbar etwas, wenn das Konnossement infolge eines Versehens der Reederei eine gattungsmäßig andere Ware nennt, z. B. Rosinen statt Aprikosen. Der Verkäufer muß dann von der Reederei vorher die Bezeichnung im Konnossement berichtigen lassen oder eine entsprechende Erklärung der Reederei beifügen [1911. 14; ähnlich bei unrichtiger Bezeichnung im Duplikatfrachtbrief im Falle der Bahnverladung 1918. 26].

Anm. 11. Außer der Bezeichnung der Ware müssen auch die Marken dem Vertrage entsprechen. Sind z. B. blanke Kisten verkauft, läßt aber schon das Konnossement erkennen, daß die Kisten eine besondere Marke (d. h. Fabrikmarke, nicht lediglich Buchstaben und Nummern zur Unterscheidung der Partie) tragen, so braucht der Käufer die Dokumente nicht aufzunehmen, auch nicht, wenn der Verkäufer sich erbietet, die Marke durch Abhobeln der Kisten zu entfernen [E 43 (1906) u. 42 (1904)].

Über Abweichungen der Angaben des Konnossements von früher bei der Dampferaufgabe gemachten Angaben vgl. Anm. 6—8 zu § 37.

Die Angabe der Stückzahl und des Gewichtes im Konnossement soll dem Käufer nur einen ungefähren Anhalt geben, denn in bezug auf die Haftung des Schiffes ist sie doch ohne große praktische Bedeutung, weil dieses sich regelmäßig freizeichnet. Läßt deshalb das Konnossement über das Gewicht Zweifel offen, z. B. weil eine Zahl durchstrichen und ohne sonstigen Vermerk über die Änderung durch eine größere Zahl ersetzt ist, so darf der Käufer deswegen die Dokumente nicht zurückweisen, zumal wenn die Reederei bestätigt, daß laut Manifest das der größeren Zahl entsprechende Gewicht verladen sei. Der Käufer muß die Dokumente mindestens gegen Zahlung eines der geringeren Gewichtsangabe entsprechenden Betrages aufnehmen [E 59 (1910)]. Wenn Konnossemente der New York Central Railway den Vermerk „shippers load and account" tragen, so bedeutet dieser, daß die Feststellung der Ware und der Stückzahl erst bei der Verladung ins Seeschiff erfolgt. Das Schiedsgericht hat solche Konnossemente für vollgültige Dokumente erklärt [1913. 10]. Anm. 12.

Neben dem Konnossement selbst kommen als Dokumente aber auch noch andere Papiere in Betracht. In der Praxis lassen sich Partien, die geschlossen auf ein Konnossement abgeladen werden — sei es, daß sie von einer hiesigen Firma vorgekauft sind, sei es, daß sie in Konsignation herüberkommen —, nicht in der gleichen Größe geschlossen verkaufen. Der erste Käufer bzw. der konsignierende Ablader hat aber andererseits oft ein Interesse daran, mit dem Verkauf nicht solange zu warten, bis die Ware ankommt, und nun in Teilen ab Kai oder ab Lager verkauft werden kann. Der Verkehr hat deshalb schon lange einen Weg gefunden, solche großen Partien, über die es nur ein einziges Konnossement gibt, zu „teilen", indem auf Grund des Konnossements sog. „Teilscheine" ausgegeben werden, die dann als Dokumente angedient werden. Man unterscheidet hier, je nachdem wer die für den Schein wesentliche Erklärung, die meist nur in einem Anm. 13.

Anhang 2 zu § 15.

Abstempeln des von dem Inhaber des gleichzeitig eingelieferten Konnossementes ausgestellten Scheines besteht, abgibt, zwischen Kaiteilscheinen und Konnossementsteilscheinen. Erstere sind an die Kaiverwaltung, letztere an den Vertreter des Schiffes, die Reederei oder den Schiffsmakler, gerichtet und werden von diesem abgestempelt. Bei denjenigen Reedereien, die eigene Kaibetriebe haben, werden für diese auch Kaiteilscheine ausgestellt, allerdings in der Regel nur dann, wenn es sich um Schiffe fremder Reedereien handelt, die an ihren Kais löschen, während für ihre eigenen Dampfer, auch wenn sie an den eigenen Kais löschen, nur Konnossementsteilscheine ausgestellt zu werden pflegen. Der Verkehr hat lange hindurch diese Scheine als vollwertige Dokumente angesehen [E 47 (1908) und 48 (1909), ferner 1909. 12, E 49 (1910)]. Dann erging aber im Jahre 1912 ein Urteil des hanseatischen Oberlandesgerichts [Hanseatische Gerichtszeitung 1912, Hauptblatt Nr. 127, vgl. 1912. 3 ff.], das aussprach, daß der Kaiteilschein nicht als vollgültiges Dokument im Sinne der Klausel „Kasse gegen Dokumente" anzusehen sei, weil er nicht erkennen lasse, ob und wie viele Konnossemente ausgestellt und hinterlegt seien. Das Schiedsgericht hat aber nach dem Ergehen dieses Urteils, das sich übrigens auf eine Partie Metalle bezog, und in ausdrücklicher Auseinandersetzung mit ihm auch weiterhin den Standpunkt vertreten, daß im Kolonialwarenhandel der Kaiteilschein als vollwertiges Dokument zu betrachten sei [1913. 18; in diesem Falle lautete allerdings der „Teilschein" über dieselbe Menge wie das Konnossement selbst]. In einer anderen Entscheidung desselben Jahres hat es sich implicite auf denselben Standpunkt gestellt, den Teilschein aber für nicht andienbar erklärt, weil er weder den vorgeschriebenen Auslieferungsstempel des Schiffsmaklers trug und auch aus dem Inhalt sonst nicht hervorging, daß sämtliche Exemplare des Konnossements zurückgegeben seien [1909. 32]. Seitdem ist die Frage nicht wieder zur Entscheidung gekommen und übungsgemäß werden Kaiteilscheine und Konnossementteilscheine, Ordnungsmäßigkeit des Inhaltes vorausgesetzt, stets aufgenommen und sind deshalb auch aufzunehmen.

Anm. 14. An Stelle von Konossementen gelten als Dokumente auch Lieferscheine, die die Reedereien auf Grund der bei ihr eingereichten Konnossemente ausstellen. Dagegen sind keine Dokumente im Sinne der Klausel Lieferscheine irgendwelcher sonstigen Art, seien es solche der Controll-Co., oder irgendeiner anderen Gesellschaft oder Firma [E 49

(1906)]. Wenn der Verkäufer eventuell Zahlung gegen solche Papiere beanspruchen will, so muß er dies, wie das nicht selten geschieht, besonders beim Abschluß ausbedingen.

Bei cif=Geschäften ist außer dem Verladedokument auch das Versicherungsdokument anzudienen. Hierunter ist grundsätzlich die Police selbst zu verstehen. Über die Angaben, die die Police enthalten muß gilt mutatis mutandis dasselbe wie für das Konnossement. Hinzu kommt, daß der vereinbarte Preis durch die Versicherung in voller Höhe gedeckt sein muß. Ist dies der Fall, so müssen die Dokumente aufgenommen werden, selbst wenn z. B. die Stückzahl unleserlich ist [E 61. (1910) für einen Fall, in dem die Police durchlocht war]. Anm. 15.

Ähnlich wie oft das Konnossement über eine größere Partie lautet, als der Käufer zu empfangen hat, ist dies oft auch bei der Police der Fall. Vielfach begnügt man sich in solchen Fällen mit einer Erklärung des Verkäufers, daß sich die Originalpolice in seinen Händen befindet und er dem Käufer einen der ihm zukommenden Teilpartie entsprechenden Teil des Versicherungsanspruches abtritt. Indessen liegt hierin ein Entgegenkommen des Käufers, auf das der Verkäufer keinen Anspruch hat. Ein Dokument im Sinne der Klausel ist ein hierüber vom Käufer ausgestellter Schein jedenfalls nicht. Als solches ist vielmehr nur eine entsprechende Erklärung der Versicherungsgesellschaft oder eines Vertreters derselben anzusehen [1913. 30].

Häufig tritt die Klausel „Kasse gegen Dokument" in Verbindung mit dem Zusatz „bei Eintreffen des Dampfers auf der Elbe" auf. Dieser Zusatz ändert im übrigen an der Klausel nichts. Er hat nur die Bedeutung, daß der Käufer erst dann zu zahlen verpflichtet ist, wenn der Dampfer auf der Elbe eintrifft. Der Verkäufer kann ihm also die Dokumente, auch wenn sie schon früher eingetroffen sein sollten, nicht vorher aufzwingen. Andererseits ändert aber die Klausel nichts an dem Grundsatz, daß bei cif= und c. & f.=Geschäften der Absendeort Erfüllungsort ist und der Käufer die Gefahr der Reise trägt [vgl. § 39 Abs. 1]. Geht das Schiff unterwegs verloren, so kann sich der Käufer nicht darauf berufen, daß es ja nicht auf der Elbe eingetroffen sei. Er muß vielmehr gleichwohl zahlen und zwar zu einem Zeitpunkt, in dem das Schiff unter normalen Verhältnissen bei glücklicher Überkunft auf der Elbe eingetroffen sein würde. Ist es ungewiß, ob das Schiff verlorengegangen ist, so wird nach Lage des Falles zu entscheiden sein. Eine gewisse Zeit, um die sich die Reise durch widrige Anm. 16.

Winde, Sturm, Eisgang o. dgl. verzögern kann, muß der Verkäufer jedenfalls warten. Andererseits muß der Käufer dann zahlen, wenn nach menschlichem Ermessen das Schiff nicht mehr zu erwarten ist. Der Verband des Hamburger Einfuhrhandels hat hierfür die doppelte Zeit der Normal=Reisedauer vorgeschlagen [Jahresbericht 1924. 25].

Anm. 17. Entsprechendes wie für den Verlust des Schiffes gilt für den Fall, daß es statt des Bestimmungshafens einen anderen Hafen anläuft und dort die Ware löscht. Wird dieser Hafen als Nothafen angelaufen und seitens des Schiffes die Reise für beendet erklärt, so muß der Käufer das gegen sich gelten lassen und die Dokumente aufnehmen. Anders aber, wenn das Schiff von dem laut Konnossementsbedingungen vorbehaltenen Recht Gebrauch macht, die Ware umzuladen und mit einem anderen Dampfer weiterzubefördern. In diesem Falle ist die Reise noch nicht beendet, denn die Weiterbeförderung erfolgt ja auf Grund des alten Konnossements. Dann ist das Eintreffen des die Ware weiterbefördernden Dampfers auf der Elbe maßgebend [1924. 27].

§ 16.

Ein Kauf „auf Besicht" ist unter der Bedingung geschlossen, daß die Ware bei der Besichtigung dem Käufer zusagt. Ist dies nicht der Fall, so ist ein Geschäft überhaupt nicht zustande gekommen.

Platzusanzen: enthalten keine Definition der Klausel „auf Besicht". Sie er=erwähnen diese nur in § 8 insoweit, als der Käufer bei Käufen mit dieser Klausel nur Wandelung verlangen könne.

Geschichtliches. Die Usanzen von 1886 enthielten eine Bestimmung, daß getrocknete Früchte sowie Gewürze aller Art in der Regel nicht mehr auf Besicht gehandelt wurden, und brachten dementsprechend keine weitere Definition der Klausel. Die ursprüngliche Fassung der W.V.B. enthielt eine mit der heutigen wörtlich übereinstimmende Bestimmung. Bei der Anpassung der Usanzen an die P.U. wurde sie fortgelassen und in Übereinstimmung mit den P.U. nur in anderem Zusammenhange gesagt, daß der Käufer bei Käufen „auf Besicht" nur Wandelung verlangen kann. 1909 wurde jedoch die ursprüngliche Bestimmung wieder aufgenommen, weil Unklarheiten über die Unterschiede zwischen den Klauseln „auf Besicht" und „auf Nachstechen" bestanden [E 39 (1908)].

Anm. 1. Die Bedeutung der Klausel „auf Besicht" ist nach den W.V.B. juristisch eine grundsätzlich andere als nach den P.U. Nach den P.U. kann der Käufer Wandelung verlangen. Es ist also ein Geschäft abgeschlossen, das rückgängig gemacht wird. Nach den W.V.B. ist da=

gegen, wenn die Ware dem Käufer nicht zusagt, ein Geschäft überhaupt nicht zustande gekommen. Während man also nach den P.U. ein Geschäft „auf Besicht" als ein solches unter auflösender Bedingung d. h. der Zurückweisung der Ware durch den Käufer abgeschlossenes anzusehen hat, wird man nach den W.B.B. ein Geschäft unter einer aufschiebenden Bedingung, nämlich der Genehmigung der Ware durch den Käufer, als vorliegend anzusehen haben. Der Unterschied ist unter Umständen nicht ohne praktische Bedeutung, so z. B. für den Anspruch des Maklers auf Courtage. Nach den P.U. hat der Makler Anspruch auf solche, auch wenn der Käufer die Ware zurückweist, denn das Geschäft ist abgeschlossen und es erfolgt Wandelung, die das mit dem Abschluß des Geschäftes entstandene Recht des Maklers auf Courtage nicht berührt. Nach den W.B.B. hat der Makler dagegen keinen Anspruch, denn wenn der Käufer die Ware nicht billigt, ist ja ein Geschäft überhaupt nicht zustande gekommen, also kann auch kein Anspruch auf Courtage entstanden sein [vgl. hierzu im übrigen Anhang zu § 41 a].

Die Erklärung des Käufers, ob ihm die Ware zusagt, hat nach § 3 Absatz 2 bis zur Börse des auf den Abschluß bzw. die Andienung folgenden Tages zu erfolgen. Gibt der Käufer bis dahin eine Erklärung nicht ab, so gilt die Ware als genehmigt, gleichgültig ob er bei der Besichtigung etwaige Mängel nicht bemerkt hat [vgl. Anm. 6—11, 13 zu § 3]. Eine spätere Beanstandung ist nicht mehr zulässig. Auf jeden Fall muß aber der Käufer die Ware wirklich besichtigen. Eine ohne Besichtigung erfolgende Beanstandung ist in diesem Falle bedeutungslos. Anm. 2.

Ob und weswegen der Käufer die Ware zurückweisen will, steht ganz in seinem freien Belieben. Wenn die Ware auch der Qualitätsbezeichnung bis ins kleinste entspricht, ja, wenn sie besser ist als diese, braucht er sie gleichwohl nicht zu nehmen, und der Verkäufer hat kein Recht, ihn dazu zu zwingen. Hierin liegt der Unterschied des Geschäftes „auf Besicht" von dem Geschäft „auf Nachstechen" und „laut Probe auf Nachstehen". Anm. 3.

Andererseits darf der Verkäufer deshalb, weil im Falle der Zurückweisung der Ware durch den Käufer ein Geschäft als überhaupt nicht zustande gekommen gilt, nun dem Käufer nicht irgendeine ganz beliebige Ware vorsetzen und darauf spekulieren, ob der Käufer sie besichtigt und die Fehler merkt oder nicht. Die Ware muß der beim Anm. 4.

Abschluß vereinbarten Qualitätsbezeichnung wenigstens innerhalb der Gattung entsprechen, mag sie auch stark abfallend sein. Dient der Verkäufer dagegen eine gattungsmäßig ganz andere Ware [darüber vgl. Anm. 6 zu § 18] an, so haftet er dem Käufer unter dem Gesichtspunkt der positiven Vertragsverletzung. Der Käufer kann dann verlangen, daß ihm eine gattungsmäßig dem Abschluß entsprechende Ware vorgesetzt wird und sich eventuell anderweitig eindecken und Schadensersatz wegen Nichterfüllung verlangen [E 38 (1903)].

Anm. 5. Das gleiche gilt, wenn der Verkäufer wissentlich einen Mangel der Ware, z. B. vorhandene Seebeschädigung, beim Abschluß verschweigt [Vorst. 5. 1. 1904, 10. 5. 1904].

§ 17.

Beim Kauf „auf Nachstechen" oder „laut Probe auf Nachstechen" übernimmt der Verkäufer keine Gewähr für die vertragsmäßige Beschaffenheit der Ware. Das Recht, vom Geschäft zurückzutreten, hat der Käufer nur, wenn die Prüfung ergibt, daß die Ware den vertragsmäßigen Bedingungen nicht entspricht. Das Recht auf Empfang unter Minderung des Kaufpreises steht ihm in diesem Falle nicht zu.

Platzusanzen: enthalten keine Definition der Klauseln. Sie erwähnen die Klausel „auf Nachstechen" nur im § 8 insoweit, als der Käufer bei Käufen mit dieser Klausel nur Wandelung verlangen könne.

Geschichtliches. Die Usanzen von 1886 enthielten folgende Bestimmung:

„Bei Waren, die auf Nachstechen gehandelt werden, ist der Käufer berechtigt, „falls die Ware den vereinbarten Bedingungen nicht entspricht, den Handel zu „annullieren, doch ohne eine Entschädigung für Nichtlieferung oder Minder„wert beanspruchen zu können."

Die ursprüngliche Fassung der W.V.B. wies eine Bestimmung folgenden Wortlauts auf:

„Beim Kauf „auf Nachstechen" übernimmt der Verkäufer keine Gewähr für „die vertragsmäßige Beschaffenheit der Ware. Ergibt die Prüfung, daß die „Ware den vertragsmäßigen Bedingungen nicht entspricht, so hat der Käufer „das Recht, vom Geschäft zurückzutreten, hat aber keinen Anspruch auf Ent„schädigung für Nichtlieferung oder Minderwert."

Bei der Anpassung der Usanzen an die P.U. wurde diese Bestimmung 1905 fortgelassen und in Übereinstimmung mit den P.U. nur in anderem Zusammenhange gesagt, daß der Käufer bei Käufen „auf Nachstechen" nur Wandelung verlangen kann. 1909 wurde jedoch der frühere Zustand unter Abänderung des Wortlauts in die noch heute geltende Fassung, jedoch ohne den heutigen dritten Satz, wieder hergestellt, weil Unklarheiten über den Unterschied der Klauseln „auf Besicht" und „auf Nachstechen" bestanden [E 39 (1908)]. 1920 wurde bei der Neubearbeitung der heutige dritte Satz hinzugefügt.

Der Unterschied zwischen den Klauseln „auf Nachstechen" und „laut Probe auf Nachstechen" besteht darin, daß im einen Falle die Ware mit der in der Schlußnote angegebenen Qualitätsbezeichnung, im anderen Falle mit der Probe zu vergleichen ist. Anm. 1.

Im Gegensatz zu der Klausel „auf Besicht" hat der Käufer nicht das Recht, die Ware nach seinem freien Belieben zurückzuweisen. Er kann dies vielmehr nur dann, wenn die Ware der Bezeichnung bzw. der Probe nicht entspricht. Auf den Grad der Abweichung kommt es dabei nicht an. Es genügt jede, auch verhältnismäßig geringe Abweichung. Weist der Käufer die Ware grundlos zurück, so kann der Verkäufer ihn zur Erfüllung des Geschäftes zwingen. Die Beweislast für die vertragsmäßige Beschaffenheit der Ware liegt in diesem Falle dem Verkäufer ob [E 39 (1908), 1909. 15]. Dieser hat daher die Arbitrage herbeizuführen. Die Besichtigung hat dann grundsätzlich im Stück zu erfolgen [1914/16. 11]. Schweigt der Verkäufer auf die Beanstandung des Käufers hin, so erkennt er sie und damit den darin liegenden Rücktritt des Käufers als berechtigt an [1922. 21]. Anm. 2.

Ebensowenig wie der Verkäufer vom Käufer bei nicht vertragsmäßiger Ware Empfang unter Minderung des Kaufpreises verlangen kann, kann der Käufer solchen beanspruchen. Er muß entweder den vollen Kaufpreis bezahlen oder die Ware ganz zurückweisen. Anm. 3.

Die Erklärung des Käufers hat nach § 3 Absatz 2 bis zur Börse des auf den Abschluß folgenden Tages zu erfolgen. Gibt der Käufer bis dahin eine Erklärung nicht ab, so gilt die Ware als genehmigt, gleichgültig, ob er sie besichtigt hat und ob er dabei Mängel nicht bemerkt hat (vgl. Anm. 6—11, 13 zu § 3). Eine spätere Beanstandung ist nicht mehr zulässig. Anm. 4.

Mit der Beanstandung hat der Käufer zunächst das seinige getan. Ob die Beanstandung begründet ist oder nicht, muß die vom Verkäufer einzuleitende Arbitrage ergeben. Wenn der Käufer sich auf Bitten des Verkäufers herbeiläßt, die Ware nochmals anzusehen, so beginnt damit nicht etwa eine neue Beanstandungsfrist zu laufen. Selbst wenn der Käufer auf die nochmalige Besichtigung hin nichts Anm. 5.

von sich hören läßt, werden die Folgen der früheren Beanstandung dadurch nicht aufgehoben [1922. 21].

Anm. 6. Grundsätzlich übernimmt der Verkäufer keine Gewähr für die vertragsmäßige Beschaffenheit der Ware. Infolgedessen ist er auch nicht zur Ersatzandienung oder zum Schadensersatz verpflichtet, wenn sich die Ware als nicht vertragsmäßig erweist. Aber diese Befreiung von der Haftung findet ihre Grenzen darin, daß die dem Käufer zum Nachstechen vorgesetzte Ware der laut Schlußnote verkauften wenigstens der Gattung nach entsprechen muß [vgl. Anm. 4 zu § 16]. Wird eine gattungsmäßig ganz andere Ware, ein aliud [hierüber vgl. Anm. 6 zu § 18], vorgesetzt, so haftet der Verkäufer dem Käufer unter dem Gesichtspunkt der positiven Vertragsverletzung. Der Käufer kann dann entweder verlangen, daß ihm eine gattungsmäßig entsprechende Ware vorgesetzt wird, oder Schadensersatz wegen Nichterfüllung beanspruchen [1914/16. 13, 1919. 29, 1920. 21, 1921. 14]. Das Gleiche gilt mit Rücksicht auf § 18 Absatz 4 bei Abweichungen in bezug auf Ernte, Herkunft und Verpackung der Ware [1924. 22].

§ 18.

(1) Der Käufer einer Ware kann, falls diese den vereinbarten Bedingungen nicht entspricht, Rückgängigmachung des Kaufes (Wandelung) oder Vergütung des Minderwertes (Minderung) (B.G.B. § 462)[1]) verlangen. Das Recht, beim Mangel einer zugesicherten Eigenschaft solcher Ware statt der Wandelung oder Minderung Schadensersatz wegen Nichterfüllung zu verlangen (B.G.B. § 463, § 494)[2]) steht ihm bei Beanstandungen wegen Qualitätsmängeln nicht zu. Der Käufer hat sofort nach Feststellung der mangelhaften Beschaffenheit zu erklären, welches der beiden Rechte er geltend machen will.

(2) Bei Lieferungsgeschäften kann der Käufer wegen Qualitäts-

---

[1]) **B.G.B. § 462:** „Wegen eines Mangels, den der Verkäufer nach den Vorschriften der §§ 459, 460 zu vertreten hat, kann der Käufer Rückgängigmachung des Kaufes (Wandelung) oder Herabsetzung des Kaufpreises (Minderung) verlangen."

[2]) **B.G.B. § 463:** „Fehlt der verkauften Sache zur Zeit des Kaufes eine zugesicherte Eigenschaft, so kann der Käufer statt der Wandelung oder der Minderung Schadensersatz wegen Nichterfüllung verlangen. Das gleiche gilt, wenn der Verkäufer einen Fehler arglistig verschwiegen hat."

B.G.B. § 494: „Bei einem Kaufe nach Probe oder nach Muster sind die Eigenschaften der Probe oder des Musters als zugesichert anzusehen."

mangel nur Minderung verlangen, es sei denn, daß der Minderwert 10 % des Preises der vertragsmäßigen Ware zur Zeit der Besichtigung übersteigt (vgl. § 21).

(3) Besteht eine Andienung aus mehreren Partien (Lieferscheinen) und erweisen sich nicht alle angedienten Partien als vertragsmäßig, so ist der Käufer zum Empfang jeder vertragsmäßig angedienten Partie verpflichtet. Sind weniger als 10 % einer angedienten Partie mangelhaft und läßt sich der mangelhafte von dem vertragsmäßigen Teil der Ware ohne weiteres abtrennen, so finden die Abs. 1 und 2 bzw. § 21 nur auf diese abgetrennten Teilmengen sinngemäße Anwendung, während der übrige Teil der Partie zu liefern und zu empfangen ist.

(4) Abweichungen von den Vertragsbedingungen hinsichtlich der Ernte, Herkunft oder Verpackung gelten nicht als Qualitätsmangel, sondern berechtigen stets zur Zurückweisung der Ware und zum Anspruch auf Schadensersatz (s. auch § 38).

Platzusanzen: Absatz 1: § 7. „Bei einem Kauf nach Probe oder nach Qualitäts- „bezeichnung kann der Käufer einer marktgängigen Ware, falls dieselbe den ver- „einbarten Bedingungen nicht entspricht, Rückgängigmachung des Kaufes (Wan- „delung) oder Vergütung des Minderwertes (Minderung) (B.G.B. § 462) ver- „langen. Das Recht, beim Mangel einer zugesicherten Eigenschaft solcher Ware, „statt der Wandelung oder Minderung Schadensersatz wegen Nichterfüllung zu „verlangen (B.G.B. § 463, § 469) steht ihm nicht zu."

Absätze 2—9: —

Geschichtliches. A b s a t z 1: In den Usanzen von 1886 lautete die entsprechende Bestimmung:

„Entspricht bei Verkäufen nach Probe oder nach einer bestimmten Qualitäts- „bezeichnung oder ohne besondere Bezeichnung die Ware nicht den vereinbarten „Bedingungen, so ist der Käufer berechtigt, entweder vom Kaufe zurückzutreten, „jedoch ohne Entschädigung für Nichtlieferung, oder die Lieferung unter einer „angemessenen Entschädigung für den Minderwert zu beanspruchen."

Die ursprüngliche Fassung der W.B.B. hatte folgende Fassung:

„Entspricht bei einem Kaufe lt. Probe oder nach einer bestimmten Qualitäts- „bezeichnung die Ware nicht den vereinbarten Bedingungen, so ist beim Platz- „geschäft der Käufer befugt, entweder vom Vertrage zurückzutreten ohne Ent- „schädigung für Nichtlieferung, oder die Lieferung unter Entschädigung für den „Minderwert zu beanspruchen. Sofort nach Feststellung der vertragswidrigen „Beschaffenheit hat der Käufer zu erklären, welches von diesen beiden Rechten „er geltend machen will."

Bei der Anpassung der Usanzen an die P.U. im Jahre 1905 wurde der oben wiedergegebene Wortlaut des § 7 P.U. angenommen, jedoch unter Hinzufügung des Satzes: „Der Käufer hat sofort nach Feststellung der mangelhaften Beschaffenheit zu erklären, welches der beiden Rechte er geltend machen will."

1907 wurden in den zweiten Satz die Worte „bei Beanstandung wegen Qualitätsmängeln" eingefügt und damit der Ausschluß des Rechtes auf Schadensersatz wegen Nichterfüllung auf die Fälle beschränkt, in denen die Beanstandung wegen Qualitätsmängeln erfolgte, so daß jetzt bei anderen Mängeln, z. B. bei gattungsmäßiger Abweichung [vgl. u. Anm. 6], Schadensersatz wegen Nichterfüllung verlangt werden konnte.

Bei der Neubearbeitung im Jahre 1920 wurde eingehend erörtert, ob nicht der zweite Satz ganz gestrichen und so Übereinstimmung mit dem Recht des B.G.B. hergestellt werden sollte. Es wurde jedoch hiervon abgesehen. Dagegen wurde durch die Abänderung des ersten Satzes in die heutige Fassung, die Geltung des Absatz 1 noch verallgemeinert.

Absatz 2: Schon die Usanzen von 1886 hatten eine ähnliche, gleichfalls nur für Lieferungsgeschäfte geltende Bestimmung:

„Wenn der Käufer die Ware wegen abfallender Qualität beanstandet, ist der „Verkäufer nicht verpflichtet, aber auch nicht berechtigt, eine andere Partie als „Ersatz anzudienen. Die Ware ist vielmehr mit einer entsprechenden Refaktie „zu empfangen, falls der Minderwert 10 % nicht übersteigt. Ist der Minder„wert größer als 10 %, so kann der Käufer die Ware refüsieren oder mit ge„nügender Refaktie empfangen."

Die ursprüngliche Fassung brachte den zulässigen Minderwert in ein Verhältnis zu dem Preis für vertragsmäßige Ware. Sie bildete einen eigenen Paragraphen folgenden Wortlauts:

„Bei Lieferungsgeschäften ist der Käufer verpflichtet, die Ware gegen ent„sprechende Vergütung zu empfangen, wenn der Minderwert 10 % des Preises „der vertragsmäßigen Ware zur Zeit der Besichtigung nicht übersteigt. Ist der „Minderwert höher, so steht ihm das gleiche Wahlrecht zu wie bei Platzgeschäften „unter denselben Bedingungen. Zur Ersetzung einer beanstandeten Partie durch „eine andere ist der Verkäufer weder verpflichtet noch berechtigt."

1905 wurde statt dessen die kürzere heutige Fassung beschlossen. Jedoch war die Marge noch 10 %. Ihre Erhöhung auf 15 % erfolgte 1908 in Verbindung mit der Neueinführung der dem jetzigen § 21 entsprechenden Bestimmungen, um einen gewissen Ausgleich gegen diese zu schaffen [vgl. hierüber bei § 21]. Anträge, die Marge wieder auf 10 % herabzusetzen, sind wiederholt, so 1910, 1920 und 1924 gestellt, aber stets abgelehnt. Erst 1925 wurde die Marge wieder auf 10 % herabgesetzt. 1920 wurden die bisher je einen eigenen Paragraphen bildenden Vorschriften der heutigen Absätze 1 und 2 in einem Paragraphen zusammengefaßt.

Absatz 3. Die ursprüngliche Fassung enthielt folgende Bestimmung:

„Wird auf Lieferung verkaufte Ware in Teilen angedient, so gelten die „Bestimmungen hinsichtlich der Zeit der Besichtigung und der Folgen nicht ver„tragsmäßiger Beschaffenheit für jede Teillieferung. Der übrige Vertrag wird „durch sie nicht berührt."

1905 findet sich die Bestimmung nur noch in bezug auf die Zeit der Beanstandung [heutiger § 28 Absatz 2]. Eine Bestimmung über die Folgen nicht vertragsmäßiger Beschaffenheit einzelner Teillieferungen fehlt. Der heutige Absatz 3 ist 1920 nach eingehenden Verhandlungen neu aufgenommen.

Absatz 4 kam schon in der ursprünglichen Fassung vor, jedoch mit der Einschränkung, daß nur das Recht zur Zurückweisung der Ware, nicht aber auch ein solches auf Schadensersatz ausgesprochen war. Die heutige Fassung, die letzteres mit enthält, stammt aus dem Jahre 1908.

Der Absatz 1 gilt in seiner heutigen Fassung allgemein, also nicht nur für Platzgeschäfte, sondern auch für Lieferungsgeschäfte (für diese jedoch nur mit den Einschränkungen aus Absatz 2) und nicht nur für einen Kauf nach Probe oder nach einer bestimmten Qualitätsbezeichnung, sondern für jeden Kauf, auch nicht nur für marktgängige Ware, sondern für Waren jeder Art. Anm. 1.

Voraussetzung für Ansprüche des Käufers ist, daß die Ware den vereinbarten Bedingungen nicht entspricht. Welche Bedingungen vereinbart sind, ergibt sich aus der Schlußnote. Enthält diese über die Qualität keine besonderen Vorschriften, so ist Ware mittlerer Art und Güte zu liefern. In den Usanzen von 1886 und der ursprünglichen Fassung der W.B.B. war dies in einem besonderen Paragraphen ausdrücklich gesagt. 1905 wurde dieser als selbstverständlich fortgelassen. Der Verkäufer kann sich nicht darauf berufen, daß der Preis besonders niedrig sei, und daß der Käufer deswegen habe wissen müssen, daß es sich um eine abfallende Ware handle [E 44. (1905) u. 45. (1906)]. Anm. 2.

Nachstehend einige Entscheidungen über die Bedeutung von Qualitätsklauseln:

„Gesunde, zeitgemäße Ware" ist gleichbedeutend mit „gute Durchschnittsqualität der Ernte" [1922. 18].

„Laut Type" und „laut Typmuster" sind gleichbedeutend. Will der Käufer genau die Eigenschaften der ihm gezeigten Probe haben, so muß er „laut Probe" und „laut Type Nr. x des Abladers N. N." kaufen [1922. 27].

„Laut Probe, garantiert reine Ware" bedeutet, daß die Ware nicht nur mit der Probe übereinstimmen, sondern auch rein sein muß [E 45 (1905)].

Der Käufer, der wegen der nicht vertragsmäßigen Beschaffenheit der Ware auf Grund des § 18 Ansprüche, sei es solche auf Wandelung, sei es auf Minderung, geltend machen will, muß seinerseits die ver- Anm. 3.

tragswidrige Beschaffenheit der Ware und ihr Ausmaß durch Arbitrage feststellen lassen. Und zwar muß dies alsbald nach der Beanstandung geschehen. Bestimmte Fristen sind für die Einleitung der Arbitrage allerdings nicht vorgeschrieben, auch nicht usanzemäßig eingebürgert. Eine zu lange Hinausschiebung kann aber die Rechte des Käufers schon deshalb gefährden, weil wegen der in der Zwischenzeit möglicherweise eintretenden Verschlechterung der Ware ihr Minderwert zur Zeit der Andienung nachträglich gar nicht mehr festzustellen ist [1919. 32].

Wenn der Käufer ein Inländer und deshalb mit den Hamburger Handelsbräuchen und den W.V.B. nicht bekannt ist, so muß der Hamburger Verkäufer darauf aufmerksam machen, daß er arbitrieren lassen muß. Tut er dies nicht, so darf er die Unkenntnis des inländischen Käufers nicht ausnutzen und kann aus dessen Unterlassung keine Rechtsfolgen gegen ihn herleiten [E 19 (1910)].

Anm. 4. Als Rechte des Käufers kommen in Betracht: das Recht auf Wandelung, d. h. Rückgängigmachung des Kaufes (jedoch nicht ohne weiteres bei Lieferungsgeschäften), das Recht auf Minderung, d. h. Vergütung des Minderwertes der Ware und unter Umständen der Anspruch auf Schadensersatz wegen Nichterfüllung (über letzteren vgl. Anm. 9—10 zu § 38), sowie auf Lieferung vertragsmäßiger Ware (hierüber vgl. § 19).

Zwischen diesen Rechten kann der Käufer grundsätzlich nach seinem Belieben wählen. Er muß aber einheitlich vorgehen. Er kann nicht wegen eines Teiles einer Partie wandeln und wegen eines anderen mindern oder wegen eines bei der ganzen Partie vorliegenden Mangels nur einen Teil zurückweisen und einen anderen empfangen [1918. 16].

Dem Verkäufer steht kein Recht zu, dem Käufer aufzuzwingen, welches Recht er geltend machen soll. Will z. B. der Käufer mindern, so kann der Verkäufer nicht Wandelung verlangen [E 34 (1910)].

Anm. 5. Der Käufer muß ferner sofort nach der Feststellung der fehlerhaften Beschaffenheit der Ware erklären, welches Recht er geltend machen will. Er kann aber, solange der Verkäufer sich mit der von ihm gewählten Wandelung nicht einverstanden erklärt hat, von dieser zur Minderung übergehen [E 34 (1910)].

Anm. 6. Meistens enthält die Schlußnote genaue Bestimmungen über die Qualität der Ware. Es werden also besondere Eigenschaften der

Ware zugesichert. Entspricht nun die Ware der Bezeichnung nicht, fehlen ihr also die zugesicherten Eigenschaften, so würde der Käufer nach § 463 B.G.B. das Recht haben, statt der Wandelung oder der Minderung Schadensersatz wegen Nichterfüllung zu beanspruchen. Dieses Recht ist von den W.V.B. für Beanstandungen von Qualitätsmängeln ausgeschlossen.

Qualitätsmängel sind solche Mängel, die aus Abweichungen der Ware von der Norm der Gattung bestehen, während die Ware selbst der Gattung entspricht. Qualitätsmängel sind beispielsweise: Dumpfheit, Feuchtigkeit, Schimmel, Fäulnis, Unansehnlichkeit, zu geringe Größe u. dgl. m. Auch bestimmte Marken gehören in gewissem Sinne hierher, wie sie hauptsächlich im Handel mit nordamerikanischen getrockneten Früchten eine Rolle spielen. Auch wenn zwei Marken an sich gleichwertig sind, so stellt doch die eine gegenüber der anderen, die verkauft wurde, einen Mangel dar. Indessen ist es handelsüblich, daß, wenn eine bestimmte Marke verkauft ist und der Inhaber dieser Marke die Lieferung einstellt, der Käufer eine gleichwertige Ware anderer Marke annehmen muß [E 42 (1906)].

Dagegen handelt es sich nicht um Qualitätsmangel, wenn die angediente Ware gattungsmäßig eine ganz andere als die verkaufte ist. Man spricht dann von einem „aliud". Der Begriff der „Gattung" ist dabei eng auszulegen. Es kommt nicht darauf an, was der vulgäre Sprachgebrauch mit einem Worte bezeichnet, sondern was der Fachhandel als Besonderheit auffaßt. So ist z. B. nicht nur Zitronat gegenüber Orangeat ein aliud [1921. 14], sondern auch Eleme-Rosinen gegenüber Sultanas [1921. 17], ungebleichte Rosinen gegenüber choice sulphur bleached Sultanas [1924. 14], Ceylon-Kaneel gegenüber wildem Kaneel [1921. 25] und Tellichery-Pfeffer gegenüber gemischtem Pfeffer [1914/16. 13]. Auch ein Gemisch von guter mit solcher Ware, die den Charakter, um dessen Willen die Ware gehandelt wird, nicht aufweist, macht sie zu einem aliud. So hat z. B. das Schiedsgericht entschieden, daß ein Gehalt von 25% extrahierten Nelken die Ware zu einer gattungsmäßig anderen gegenüber couranten Nelken macht [1919. 29]. Gelegentlich ist auch eine zu große Stückzahl bei Pflaumen [130er bzw. 165er gegenüber 90/100er; E 40 (1910)] und ein zu hoher Gehalt an bitteren Mandeln gegenüber süßen Mandeln [21 % bzw. 42 % gegenüber 10 %; Vorst. 29. 12. 1910] als eine gattungsmäßige Abweichung angesprochen. Aber dem stehen andere

Entscheidungen gegenüber [88/89er gegenüber 80/85er Pflaumen, 42 % bzw. 55 % bittere gegenüber nicht über 30 % bei süßen Mandeln; 1907. 13]. In diesen Fällen wird man wohl richtiger einen Qualitätsmangel und kein aliud als vorliegend ansehen müssen, es sei denn, daß die Abweichung ein zu großes Maß annimmt.

Ferner gelten nach der ausdrücklichen Vorschrift des Absatz 4 Abweichungen hinsichtlich der Ernte, Herkunft oder Verpackung nicht als Qualitätsmangel.

Bei der Ernte handelt es sich hierbei um das Jahr des Wachstums.

Bezüglich der Herkunft kommt es darauf an, ob die in der Schlußnote gebrauchte Bezeichnung handelsüblich als solche gilt, die wirklich die Provenienz meint, oder ob damit nicht doch eine Qualitätsbezeichnung im engeren Sinne gemeint ist. So ist z. B. Kioup-Vourla Eleme-Rosinen eine wirkliche Herkunftsbezeichnung. Es müssen also, wenn solche verkauft sind, Rosinen aus dem Vourla-Distrikt geliefert werden [E 44 (1906). Vorst. 7. 1. 1907]. Dagegen ist die Bezeichnung „Singapore-Pfeffer" eine Qualitätsbezeichnung, denn in Singapore selbst wächst gar kein Pfeffer [Vorst. 7. 1. 1907; vgl. auch E 40 (1905)]. Andererseits wird bei gewissen Artikeln eine bestimmte Herkunft als ausbedungen angesehen, auch wenn dies nicht ausdrücklich in der Schlußnote gesagt ist. So müssen z. B. „prime evaporated Ringäpfel" aus dem Staate Neuyork stammen. Äpfel aus den Süd- oder Weststaaten sind nicht andienungsfähig [E 44 (1906)].

Es ist aber nicht nötig, daß die mit einer bestimmten Herkunft verkaufte Ware von dem betreffenden Ursprungsplatz verladen wird, sofern solches nicht ausdrücklich vereinbart ist. Ebensowenig wie der Verkäufer Einwendungen des Käufers bezüglich der Herkunft der Ware mit dem Hinweis auf die Verladung von dem betreffenden Platze abschneiden kann, kann der Käufer Einwendungen gegen eine im richtigen Bezirk gewachsene Ware nur deshalb erheben, weil sie von einem anderen Platz verladen ist [vgl. Anhang zu § 36 Anm. 2].

Abweichungen in der Verpackung liegen nicht nur vor, wenn Säcke statt Kisten oder halbe statt Viertelkisten angedient werden, sondern auch wenn blanke Kisten verkauft sind, aber solche mit Marke angedient werden [E 43 (1904)].

In allen diesen Fällen, also sowohl bei Andienung eines aliud als auch bei einer solchen einer nach Ernte, Herkunft oder Verpackung abweichenden Ware, kann der Käufer außer der Wandelung oder

Minderung auch Schadensersatz wegen Nichterfüllung [aber erst nach Nachfristsetzung; vgl. § 38] oder Lieferung einer anderen vertragsmäßigen Partie verlangen. Das letztere ergibt sich sinngemäß aus dem § 19.

Die Nichtinnehaltung einer vertraglich vereinbarten Abladefrist wird ähnlich behandelt, jedoch braucht hier eine Nachfrist nicht gestellt zu werden. Hierüber vgl. § 36.

Eine besondere Regelung haben die Lieferungsgeschäfte erfahren, soweit es sich um Qualitätsmängel handelt. Bei ihnen ist dem Käufer das ihm an sich zustehende Recht der Wandelung nur gegeben, wenn der Minderwert 10 % des Preises der vertragsmäßigen Ware zur Zeit der Besichtigung übersteigt. Anm. 7.

Der Grund für diese Bestimmung, die in ähnlicher Weise auch in anderen Handelszweigen üblich ist, liegt darin, daß bei Lieferungsgeschäften der Verkäufer selbst nicht in der Lage ist, sich vor Abschluß des Geschäftes von dem Zustand der Ware zu überzeugen, und daß die Abladungen niemals ganz gleichmäßig ausfallen, sowie ferner darin, daß die Abwicklung von Lieferungsgeschäften meist erst längere Zeit nach ihrem Abschluß erfolgt. Da in der Zwischenzeit leicht Preisänderungen erfolgen, würde der Käufer bei gesunkenem Markt jeden selbst geringfügigen Minderwert der Ware zum Anlaß nehmen können, um sich von dem teuren Kontrakt zu befreien. Deshalb soll der Käufer innerhalb der Grenzen eines Minderwertes, der eine Verwendungsmöglichkeit der Ware nicht ausschließt, die Ware unter Vergütung des Minderwertes empfangen müssen. Ein ähnlicher Gedanke liegt auch dem § 21 zugrunde [siehe diesen].

Der Absatz 2 gilt für alle Lieferungsgeschäfte, nicht nur für cif- und c. & f.-Geschäfte [1911. 10]. Anm. 8.

Eine Wandelung ist bei Lieferungsgeschäften nur dann zulässig, wenn der Minderwert 10 % des Preises der vertragsmäßigen Ware zur Zeit der Besichtigung übersteigt. Die Worte „zur Zeit der Besichtigung" beziehen sich nicht auf den „Preis der vertragsmäßigen Ware", sondern auf „Minderwert". Es kommt also darauf an, daß im Vergleich zum Marktpreis für vertragsmäßige Ware die Grenze zur Zeit der Besichtigung überschritten ist. Eine Umrechnung des Minderwertes nach dem Grundsatz des § 472 H.G.B. findet nicht statt. Der Unterschied zwischen dem Vertragspreis und dem Marktpreis zur Zeit der Besichtigung soll durch die Arbitrage nicht vermindert oder Anm. 9.

vergrößert werden. Der durch die Arbitrage festgesetzte Minderwert soll dem Käufer den Schaden ausgleichen, den er dadurch hat, daß die Ware nicht in jeder Hinsicht vertragsmäßig ausgefallen ist [E 12 (1908)].

Anm. 10. Geht der Mangel der Ware auf Seebeschädigung zurück, so findet auf ihn nicht der § 18, sondern die Sonderbestimmung des § 20 Anwendung. Es können aber sonstige Mängel mit solchen, die da in Seebeschädigung bestehen, zusammentreffen. Dann finden auf jeden Mangel die betreffenden Bestimmungen Anwendung. Es muß unter Umständen für jeden eine besondere Vergütung gewährt werden [vgl. Anm. 3 zu § 20].

Anm. 11. Wenn nur ein Teil der auf einen Abschluß angedienten Ware mangelhaft ist, so ist zwischen den Fällen zu unterscheiden, ob eine einheitliche Andienung stattgefunden hat, oder nicht. Darüber, ob eine Andienung in Teilen zulässig ist vgl. § 28.

Anm. 12. Werden mehrere Teilpartien angedient, so wird grundsätzlich jede Teilpartie für sich beurteilt [vgl. auch Anm. 8 zu § 28]. Die Tatsache, daß eine oder mehrere Teilpartien unvertragsmäßig sind, berechtigt den Käufer nur bezüglich dieser Rechte geltend zu machen, nicht aber auch wegen der übrigen vertragsmäßigen Teilpartien. Es findet dementsprechend auch kein Ausgleich wegen der Beschaffenheit der einzelnen Teilpartien untereinander statt. Es ist deshalb auch jede Teilpartie für sich zu arbitrieren.

Anm. 13. Bei Andienung einer einheitlichen Partie kommt es hinsichtlich teilweiser Mängel zunächst auf den Durchschnitt der ganzen Partie an. Hieraus ergibt sich, daß die ganze Partie arbitriert werden muß [M.V. 29. 2. 1908, 13. 2. 1909]. Denn der Minderwert einzelner Stücke wird durch den Mehrwert anderer ausgeglichen. Würde dem Käufer das Recht zugestanden, nur einzelne Stücke zur Arbitrage zu stellen, so könnte er die über den Durchschnitt ausfallenden Stücke behalten und so insgesamt eine bessere Ware bekommen als ihm nach dem Abschluß zusteht [1920. 23]. Nur in einem, allerdings besonders gelagerten Falle hat das Schiedsgericht einmal eine Teilarbitrage zugelassen. Es waren in diesem Falle 400 Kisten Ringäpfel cif Hamburg verkauft. Der Käufer hatte diese 400 Kisten in zwei Teilen weiter verkauft, von denen der eine an seinen Verkäufer zurückgelangte. Der Käufer stellte nur den anderen Teil zur Arbitrage. Das Schiedsgericht ließ dies unter grundsätzlicher Ablehnung von Teilarbitrage im übrigen ausnahmsweise zu, weil es in diesem Fall dem Verkäufer, der ja die anderen 200 Kisten zurückgekauft hatte, freistand, seinerseits die ganze Partie arbitrieren zu lassen [E 17 (1907)].

Ist nur ein Teil der Partie minderwertig, so kommt es darauf an, wie groß er ist. Macht er über 10 % der Partie aus, so braucht der Käufer die ganze Partie nicht zu nehmen. Beträgt er weniger als 10 %, so muß der Käufer die Partie übernehmen unter entsprechender Beschränkung seiner Ansprüche wegen der Mängel auf den mangelhaften Teil. Voraussetzung ist dafür aber, daß sich der mangelhafte von dem vertragsmäßigen Teil ohne weiteres trennen läßt. Dies ist z. B. der Fall, wenn von 25 Kisten Kokos zwei ranzig sind. Dagegen ist die Voraussetzung nicht gegeben, wenn sich z. B. unter Haselnußkernen 5 % schlechte befinden. Denn diese können nicht „ohne weiteres" ausgesondert werden. Anm. 14.

Welche Rechte der Käufer wegen des mangelhaften Teiles der Ware geltend machen kann, richtet sich nach den allgemeinen Bestimmungen.

Ist durch Arbitrage auf einen Minderwert erkannt, so ist, falls der Kaufpreis schon bezahlt ist, bei Wandelung der ganze Kaufpreis [für Lieferungsgeschäfte vgl. jedoch § 21 wegen der Rückrechnung!], bei Minderung ein entsprechender Teil unverzüglich vom Verkäufer an den Käufer zu vergüten. Dies war früher in den W.V.B. besonders ausgesprochen. Die Bestimmung ist aber 1920, weil selbstverständlich, gestrichen worden. Anm. 15.

Ebensogut, wie die angediente Ware schlechter als vertragsmäßig sein kann, kann sie auch besser sein, so z. B. wenn statt 60/70er 40/50er Pflaumen angedient werden. Meist wird der Käufer sie dann trotzdem gern empfangen. Es kann aber dem Käufer unter Umständen auch nichts daran liegen, so z. B. bei gesunkenem Markte oder wenn er für die Erfüllung von ihm eingegangener Verpflichtungen gerade eine ganz besondere Qualität benötigt. Der Käufer kann dann, weil die angediente Ware, wenn auch besser und hochwertiger, so doch nicht vertragsmäßig ist, ebenfalls beanstanden. Praktisch kann das allerdings nur bei Platzgeschäften werden, bei denen Wandelung in Frage kommt, denn bei Lieferungsgeschäften ist ja nach Absatz 2 nur Minderung möglich, und eine solche kommt bei besserer als vertragsmäßiger Ware nicht in Betracht. Anders liegt es natürlich, wenn ein Anm. 16.

aliud oder eine andere Ernte, Herkunft oder Verpackung angedient wird.

Nimmt der Käufer die höherwertige Ware ab, so kann der Verkäufer nicht eine Erhöhung des Preises verlangen. Er kann auch, wenn er nur irrtümlich eine bessere Ware angedient hat, diese nach erfolgtem Empfang nicht gegen Leistung vertragsmäßiger Ware zurückverlangen und zwar auch dann nicht, wenn der Käufer die Ware noch in seinem Besitz hat [1913. 12].

Anm. 17. Über die die Haftung des Verkäufers für die Beschaffenheit der Ware einschränkenden Klauseln vgl. Anhang zu § 38.

§ 19.

Zur Ersetzung einer wegen Qualitätsmängel beanstandeten Partie durch eine andere ist der Verkäufer weder berechtigt noch verpflichtet.

Platzusanzen: —

Geschichtliches: Eine entsprechende Bestimmung fand sich schon in den Usanzen von 1886 und in der ursprünglichen Fassung der W.V.B., jedoch unter den nur für Lieferungsgeschäfte geltenden Bestimmungen. Die ursprüngliche Fassung der W.V.B. enthielt ferner keine Beschränkung auf die wegen Qualitätsmängel beanstandeten Partien. In der Praxis wurde eine solche Beschränkung schon damals durch Analogie gefolgert [1903. 2]. 1905 wurde die Bestimmung, da sie nicht nur für Lieferungsgeschäfte, sondern allgemein gelten sollte, aus ihrem bisherigen Zusammenhang herausgenommen und als eigener Paragraph verselbständigt. 1907 wurde ihre Geltung auf die wegen Qualitätsmängel beanstandeten Partien beschränkt, nachdem ein Schiedsgericht entgegen dem oben erwähnten Spruche (1903. 2) bei Andienung eines aliud eine Ersatzandienung nicht zugelassen hatte [E 33 (1906)].

Anm. 1. Die Bestimmung korrespondiert mit dem § 18 Absatz 1 Satz 2. Da nach dieser bei Qualitätsmängeln [über die Bedeutung dieses Begriffes vgl. Anm. 6 zu § 18] nur das Recht der Wandelung oder Minderung gegeben, der Anspruch aus Schadensersatz wegen Nichterfüllung aber ausgeschlossen ist, mußte naturgemäß auch der Anspruch auf Ersatzlieferung versagt werden. Dem entspricht es aber auf der anderen Seite, daß auch dem Verkäufer das Recht auf Ersatzlieferung genommen wird.

Anm. 2. Aus der Bestimmung wird vielfach hergeleitet, daß eine zweite Andienung überhaupt unzulässig sei. Das ist in dieser Allgemeinheit nicht richtig [1910. 9, 1911. 13]. Vielmehr ist daraus, daß der § 19 ausdrücklich nur von wegen Qualitätsmängel beanstandeten Partien spricht, zu folgen, daß bei Beanstandung wegen anderer Mangel [vgl. Anm. 6 zu § 18] grundsätzlich eine Ersatzlieferung vom Verkäufer angeboten und vom Käufer verlangt werden kann.

Eine Besonderheit gilt aber für Abladungsgeschäfte nach § 36 Absatz 1. Während nämlich im übrigen der Käufer, ehe er sich vom Vertrage lossagen kann, erst nach § 38 Absatz 1 eine Nachschrift setzen muß, gibt der § 36 dem Käufer im Falle, daß die Abladefrist nicht innegehalten ist, das Recht, ohne Gewährung einer Nachfrist die Ware zurückzuweisen und Schadensersatz zu fordern. Hieraus ergibt sich als erste Folge, daß der Käufer zwar das Recht hat, sich vom Vertrage zu lösen, nicht aber die Pflicht. Er kann also gleichwohl die Lieferung von Dokumenten mit vertragsmäßigem Abladedatum verlangen. Auf der anderen Seite kann ihm aber der Verkäufer gegen seinen Willen solche nicht nachträglich aufdrängen. [1910. 9].

Werden bei Abladegeschäften Dokumente aus anderen Gründen als wegen unrichtigen Datums beanstandet, so bewendet es bei den allgemeinen Bestimmungen, d. h. es ist eine zweite Andienung zulässig und der Verkäufer muß erst eine Nachfrist setzen, ehe er sich vom Vertrage lösen kann [1911. 13].

§ 20.

(1) Seebeschädigte oder dumpfe Ware kann der Käufer, wenn der Verkäufer wegen der Beschädigung Ansprüche an seine Versicherer geltend machen kann, zum Preise und Verhältnisse des Gewichts der gesunden Ware gegen Überlassung der Police geliefert verlangen.

(2) Kommt ein Versicherungsanspruch in Frage, so muß der Käufer, falls der Minderwert der beschädigten Kolli gegen nicht beschädigte Ware 10 % nicht übersteigt, die seebeschädigte oder dumpfe Ware gegen entsprechende Vergütung empfangen. Übersteigt der Minderwert gegen nicht beschädigte Ware 10 %, so ist der Käufer zum Empfange berechtigt, aber nicht verpflichtet.

Platzusanzen: —

Geschichtliches: Die Usanzen von 1886 enthielten folgende Bestimmung:

„„Seebeschädigung" und „dumpf" sind im allgemeinen nicht lieferbar, doch „steht es unter allen Umständen in dem Willen des Käufers, auch den seebe-

„schädigten resp. dumpfen Teil zu demselben Preise wie die gesunde Ware mit-„zuempfangen."

In der ursprünglchen Fassung der W.V.B. kommt die Bestimmung schon im gleichen Wortlaut wie dem heutigen vor.

Anm. 1. Unter den Begriff der Seebeschädigung fallen nicht nur die Beschädigung durch Seewasser, sondern alle Schäden, die durch die Beförderung auf dem Seeschiff verursacht sind, so z. B. auch die Beschädigung durch Schiffsschweiß oder -dunst u. dgl.

Anm. 2. Ein Dumpfsein der Ware fällt nur dann unter den § 20, wenn es mit der Beförderung im Seeschiff zusammenhängt, nicht dagegen wenn es auf andere Ursachen zurückgeht, z. B. auf zu frühe Ernte, auf ungeeignete Lagerung u. dgl. Das ergibt sich aus dem ganzen Zusammenhang des § 20. Kommen andere Gründe für das Dumpfsein in Betracht, so bewendet es bei der allgemeinen Regelung des § 18.

Anm. 3. Durch die Tatsache der Seebeschädigung werden die Folgen sonstiger außer ihr bestehender Mängel der Ware nicht berührt. Sie richten sich nach den Vorschriften des § 18. Unter Umständen muß daher der Verkäufer doppelte Vergütung gewähren, einmal für den allgemeinen Minderwert, z. B. zu geringe Stückzahl, und zweitens für die Seebeschädigung.

Anm. 4. Bezahlt im Falle des Absatz 1 der Versicherer dem Käufer mehr, als wozu er verpflichtet wäre, so ist das ein Umstand, der nur den Versicherer und den Käufer angeht. Der Verkäufer kann daraus unter keinen Umständen Ansprüche herleiten. Er kann weder von dem Käufer das von dem Versicherer zu viel Gezahlte herausverlangen noch auch es auf die von ihm für einen außerhalb der Seebeschädigung vorliegenden Minderwert zu zahlende Vergütung verrechnen [1911. 16].

§ 21.

Verlangt bei Lieferungsgeschäften der Käufer, im Falle der Minderwert die im § 18 Abs. 2 und § 20 bestimmte Grenze überschreitet, Wandelung des Vertrages, so ist die Ware dem Verkäufer zu dem zur Zeit der Arbitrage bestehenden Marktpreise für vertragsmäßige Ware, welche in dem Arbitrage-Atteste festzustellen ist, zurückzurechnen. Den Unterschied zwischen diesem Preise und dem Vertragspreise haben die Parteien sofort untereinander zu vergüten.

Platzusanzen: —

Geschichtliches: Diese Bestimmung wurde im Jahre 1908 nach langen Verhandlungen und ernsten Meinungsverschiedenheiten neu aufgenommen. Sie soll die sog. zweite Hand vor den Nachteilen schützen, die ihr aus der Vorschrift des § 18 Absatz 1 entstehen können, weil sie nur Wandelung oder Minderung, nicht aber Schadensersatz wegen Nichterfüllung verlangen kann. Der § 21 schließt sich an das Vorbild der Londoner Handelsbräuche an, ohne sie jedoch in allen Punkten nachzuahmen. In London findet ein Ausgleich zwischen dem Vertragspreis und dem Marktpreis für vertragsmäßige Ware zwischen dem Verkäufer und dem Käufer statt. Die dortigen Gebräuche unterscheiden sich jedoch von den W.V.B. insofern, als in London jede Ware mit jedem, auch dem größten Minderwert empfangen werden muß, eine Wandelung, geschweige denn ein Anspruch auf Schadensersatz wegen Nichterfüllung also überhaupt nicht gegeben ist, es sei denn, daß die Arbitratoren im Einzelfall die Ware für vollständig unbrauchbar und überhaupt nicht marktfähig bezeichnen. Ferner ist es in London rechtens, daß der Verkäufer, der eine derartige Ware andient, in welchem Falle die ganze Frage der ausgleichenden Vergütung überhaupt nur akut wird, nach dem Ermessen der Arbitratoren eine Strafe in einer von diesen zu bestimmenden Höhe zu zahlen hat.

Als der Antrag auf Einführung einer dem heutigen § 21 entsprechenden Bestimmung eingebracht war, wurden zunächst ernste Bedenken geäußert. Man fürchtete die Folgerung, daß unter Umständen bei sinkendem Markt der Käufer, ohne Ware zu empfangen, noch etwas zuzahlen müsse, und man regte deshalb an, ob man nicht lieber allgemein den Schadensersatzanspruch wegen Nichterfüllung zulassen solle. Man wies insbesondere darauf hin, daß der Verkäufer sonst geneigt sein würde, bei sinkendem Markte zu ganz geringen Preisen schlechte Ware zu beschaffen, diese dem Käufer anzudienen und sich von ihm den Preisunterschied auszahlen zu lassen. [M.V. 22. 8. 1908, Vorst. 15. 9. 1908.] Dem wurde jedoch entgegengehalten, daß sich die Verkäufer schon hüten würden, absichtlich minderwertige Ware zu kaufen, weil sie doch auf dieser sitzen bleiben würden.

Eine zur Beratung des Antrages eingesetzte Kommission prüfte insbesondere die Frage, inwieweit etwa auch im übrigen das Londoner Vorbild nachzuahmen sei, insbesondere bezüglich der Festsetzung einer Strafe für den Verkäufer durch die Sachverständigen und bezüglich der Beseitigung des Wandelungsrechtes. In ersterer Beziehung trug man jedoch Bedenken, den Sachverständigen so weitgehende Befugnisse einzuräumen. In letzterer Beziehung fand man einen Ausweg darin, daß die Grenze des heutigen § 18 Absatz 2, die damals nur 10% betrug, auf 15% erhöht werden sollte. [Bericht der Kommission vom 31. 10. 1908.] Dementsprechend wurde dann auch beschlossen [M.V. 3. 12. 1908]. Die somit angenommene Fassung entsprach wörtlich der heutigen mit der Ausnahme, daß die Worte „bei Lieferungsgeschäften" fehlten und die Bestimmung somit allgemein also auch für Platzgeschäfte galt. Die Aufnahme der Worte „bei Lieferungsgeschäften" und damit die Beschränkung der ganzen Bestimmung auf diese ist erst 1920 erfolgt. Die Marge im § 18 ist 1925 wieder auf 10 % herabgesetzt.

Die so heiß umstrittene Bestimmung hat seit ihrer Einführung nie- Anm. 1.

mals zu Klagen Anlaß gegeben [1909. 5]. Entscheidungen, die sich auf sie beziehen, sind nicht veröffentlicht.

Anm. 2. Zur Erläuterung zwei Beispiele. Es ist zu M. 60.— verkauft. Zur Zeit der Arbitrage ist der Preis für vertragsmäßige Ware M. 70.—. Dann muß der Verkäufer dem Käufer M. 10.— bezahlen. Ist dagegen der Preis für vertragsmäßige Ware zur Zeit der Arbitrage nur M. 55.—, so hat der Käufer seinerseits M. 5— zu vergüten. Die letztere Folge scheint auf den ersten Blick für den Käufer, der ja infolge eines von dem Verkäufer zu vertretenden Umstandes keine Ware erhält, unbillig hart. Sie ist es aber in Wirklichkeit nicht. Denn, wenn der Verkäufer eine vertragsmäßige Ware geliefert hätte, so hätte der Verkäufer im Beispielsfalle M. 60.— bezahlen müssen. Bekommt er infolge der schlechten Beschaffenheit von seinem Verkäufer keine Ware und muß er sich deshalb eindecken, so kann er dies mit M. 55.—, steht also, wenn er dem Verkäufer M. 5.— zahlt, nicht schlechter, als wenn er von dem Verkäufer mit vertragsmäßiger Ware beliefert worden wäre. Andererseits ist der Verkäufer nicht bereichert, denn er bekommt von seinem Ablader auch nur den Marktpreis, also M. 55.—, vergütet.

Anhang zu § 21.

Arbitrage.

Anm. 1. In den §§ 17—21 ist wiederholt von der Arbitrage die Rede gewesen. Hierunter ist solche im engeren Sinne zu verstehen, d. h. die Begutachtung der Beschaffenheit der Ware, eventuell auch die Feststellung von Marktpreisen durch Sachverständige. [Über den Begriff der Arbitrage im weiteren Sinne vgl. die Bemerkung „Geschichtliches" zu § 42.] Das Verfahren über die Ernennung der Sachverständigen durch den Verwaltungsrat ist in den am Ende dieses Buches abgedruckten „Bestimmungen über Qualitäts-Feststellungen" geregelt [S. 147ff.]. Hier sind daher nur einige materielle Fragen zu erörtern.

Anm. 2. Grundsätzlich ist die Arbitrage von beiden Parteien zu beantragen [vgl. auch § 4 Absatz 2 Ziffer 7 der Bestimmungen pp.]. Die Initiative hat aber von derjenigen Partei auszugehen, der nach dem zu den §§ 17—21 Gesagten die Herbeiführung der Arbitrage obliegt. Sie hat den Antrag auf Ernennung der Sachverständigen auszufüllen und der Gegenpartei zur Mitunterzeichnung zugehen zu lassen. Verweigert die Gegenpartei die Mitunterschrift, so kann einseitig arbitriert werden. Verabsäumt die eine Partei, der Gegenpartei Gelegenheit zur Mitunterschrift zu geben, so läuft sie Gefahr, daß die Arbitrage keine Bedeutung hat. Denn die Gegenpartei hat ein berechtigtes Interesse daran, die Formulierung der in dem Antrag den Sachverständigen vorgelegten Fragen zu kennen, eventuell an der Partie interessierte Personen als Sachverständige auszuschließen oder sich zu überzeugen, daß die richtige Partie im Stück besichtigt wird [E 15 (1907), 1924. 23]. Wird ihr diese Gelegenheit nicht geboten, so kann sie später eventuell deswegen mit Recht Einwendungen gegen die Maßgeblichkeit der Arbitrage erheben.

Ist der Antrag gemeinsam unterzeichnet, so ist es der Gegenpartei überlassen, sich selbst über die Person der ernannten Sachverständigen und den Zeitpunkt einer eventuellen Besichtigung zu vergewissern. Die den Antrag einreichende Firma ist nicht verpflichtet, sie hiervon zu benachrichtigen, es sei denn, daß die Gegenpartei sie im Einzelfalle ausdrücklich darum gebeten hatte und nach Sachlage einen entsprechenden Bescheid erwarten kann [E 14 (1907)]. Anm. 3.

Ist der Gegenpartei Gelegenheit zur Mitunterzeichnung des Antrages und zur Wahrnehmung ihrer Interessen bei der Arbitrage gegeben und hat sie ihre Unterschrift verweigert, so kann sie hinterher keine Einwendungen gegen die Durchführung der Arbitrage erheben. So wird sie z. B. nicht mehr mit der Behauptung gehört, daß bei der Arbitrage nicht das richtige Kaufmuster vorgelegt sei [E 18 (1910)]. Anm. 4.

Geht eine Ware durch mehrere Hände, so ist es im Interesse der Vereinfachung und Verbilligung üblich, daß alle Beteiligten gemeinsam einen Antrag auf Ernennung von Sachverständigen unterzeichnen. Jedenfalls kann eine Partei die Mitunterschrift nicht deshalb verweigern, weil der Antrag schon die Unterschriften mehrerer Firmen trägt [E 14 (1905)]. Anm. 5.

Wenn die Begutachtung der Ware nach Proben erfolgt, so sind diese von den Parteien oder ihren Vertretern, z. B. Quartiersleuten, gemeinsam zu ziehen. Befindet sich die Ware an einem inländischen Platz, so gilt der Agent des Hamburger Verkäufers als zu seiner Vertretung beim Probenziehen berechtigt, sofern der Verkäufer nicht rechtzeitig etwas Gegenteiliges erklärt [E 18 (1910)]. Wenn die eine Partei sich weigert, bei der Probennahme mitzuwirken oder zur verein- Anm. 6.

barten Zeit nicht erscheint, so ist die von der anderen Partei allein gezogene Probe maßgebend.

Anm. 7. Die der Arbitrage zugrunde gelegten Proben müssen aus der verkauften Partie selbst kommen. Proben, die aus einer größeren Partie vor ihrer Teilung gezogen sind, sind für eine Arbitrage über eine Teilpartie nicht maßgebend, da die einzelnen Teile einer größeren Partie oft nicht gleich ausfallen [E 14 (1909)].

Anm. 8. Etwa von den Sachverständigen gewünschte Vergleichsproben, z. B. Muster einer bestimmten verkauften Type, müssen der Gegenpartei zur Beurteilung zugängig gemacht werden, damit diese sich dazu äußern kann, ob sie ihrer Meinung nach der Type entsprechen [1925].

Anm. 9. Im Gegensatz zu der Londoner Übung gibt es in Hamburg keine Regeln darüber, innerhalb welcher Zeit eine Arbitrage angemeldet und durchgeführt werden muß. Immerhin darf beides nicht ungebührlich lange verzögert werden. Wenn der Antrag auch erst nach einer Reihe von Tagen eingereicht wird, so ist das noch nicht zu spät, denn die Verhandlungen mit den verschiedenen Beteiligten nehmen oft eine gewisse Zeit in Anspruch. Auch wenn die Sachverständigen einige Zeit brauchen, bis sie die Besichtigung vornehmen, schadet das noch nichts, denn man kann nicht verlangen, daß die Sachverständigen jederzeit sofort zur Vornahme der Arbitrage zur Verfügung stehen. Aber mehrere Wochen oder gar Monate dürfen bis zur Durchführung nicht vergehen, denn die Beschaffenheit der Ware kann sich in der Zwischenzeit nicht unerheblich ändern und der frühere Zustand kann möglicherweise von den Sachverständigen bei einer verspäteten Besichtigung nicht mehr mit Sicherheit festgestellt werden [E 16 (1907/8)].

§ 22.

Bei „tel quel" verkauften Waren ist der Käufer verpflichtet, jede Ware ohne Rücksicht auf Qualität zu empfangen, welche der Gattung nach der vertragsmäßigen Bezeichnung entspricht.

Platzusanzen: § 8 wörtlich ebenso.

Geschichtliches: Diese Bestimmung fehlt in der ursprünglichen Fassung. Sie ist erst 1905 nach dem Vorbild der P.U. aufgenommen.

§ 23.

Entnommene Proben sind vom Käufer zu bezahlen.

Platzusanzen: —

Geschichtliches: Nach der ursprünglichen Fassung hatte der Käufer Anspruch auf Freiproben und zwar auf ¼ kg bei Abschlüssen von 100—500 kg, ½ kg bei solchen von 501—2500 kg und 1 kg bei solchen von mehr als 2500 kg. Angesichts der gestiegenen Preise wurde dieses Recht bei der Neubearbeitung im Jahre 1920 ganz abgeschafft. Bei dieser Gelegenheit wurde auch folgender zweiter Satz hinzugefügt:

„Die Kosten der ersten Probeentnahme, die vom Lagerhalter oder am Kai be-„rechnet werden, trägt der Verkäufer, bei c. & f.- und cif-Geschäften der Käufer."

Der Grund für die Aufnahme dieses Satzes war die in der Inflationszeit außerordentlich gestiegene Höhe der von den Lagerhaltern berechneten Gebühren. Nachdem mit der Stabilisierung der Währung dieser Grund wieder fortgefallen war, wurde der Satz 1925 wieder gestrichen, da die Verrechnung der kleinen Beträge als lästig empfunden wurde.

Die entnommenen Proben sind zu dem in der Schlußnote ange- Anm. 1.
gebenen Preise zu bezahlen, auch wenn die Ware als minderwertig zur Verfügung gestellt wird.

Die Kosten der Probenentnahme trägt jetzt wieder in jedem Falle Anm. 2.
der Käufer. Er kann sie auch dann nicht vom Verkäufer erstattet verlangen, wenn er die Ware wegen vorhandener Mängel aufschießt.

§ 24.

Sofern aus dem Vertrage nichts anderes hervorgeht, ist für Verkäufer und Käufer Hamburg Erfüllungsort (vgl. aber § 39).

Platzusanzen: —

Geschichtliches: Die Bestimmung kommt schon in der ursprünglichen Fassung wörtlich ebenso vor. Der in der Klammer enthaltene Hinweis auf die cif- und c. & f.-Geschäfte ist jedoch erst 1920 hinzugefügt.

Die Klarstellung des Erfüllungsortes ist von wesentlicher Bedeu- Anm. 1.
tung für den Eintritt des Überganges der Gefahr, für die Pflicht des Käufers zur Untersuchung und Beanstandung der Ware und schließlich für den Gerichtsstand etwaiger Prozesse.

Ist Hamburg Erfüllungsort für die Lieferung der Ware, so geht Anm. 2.
die Gefahr mit ihrer Versendung auf den Käufer über, einerlei ob der Käufer in Hamburg empfängt und die Versendung selbst vornimmt oder durch einen von ihm beauftragten Spediteur vornehmen läßt, oder ob der Verkäufer seinerseits die Versendung vornimmt oder durch einen von ihm beauftragten Spediteur vornehmen läßt. [E 33

(1910). Über den Unterschied zwischen einem Verkauf „ab Hamburg" und „ab Lager Hamburg" vgl. Anm. 4 zu § 25, vgl. ferner § 41]. Es ist ferner gleichgültig, ob der Käufer noch nach Eintreffen der Ware an seinem Wohnsitz rügen kann. Läßt der Verkäufer die Versendung durch einen Spediteur vornehmen, so trifft ihn für einen von diesem verursachten Schaden keine Haftung, es sei denn, daß er einen unzuverlässigen Spediteur ausgewählt hat. Bei Streitigkeiten zwischen dem Käufer und dem Spediteur über die Höhe der Spesen darf der Käufer keine Abzüge von der Rechnung des Verkäufers vornehmen. Er muß sich deswegen mit dem Spediteur auseinandersetzen [1923. 17].

Anm. 3. Grundsätzlich hat der Käufer die Ware am Erfüllungsort zu übernehmen und dementsprechend zu untersuchen und etwaige Mängel zu rügen. Übernimmt dagegen der Verkäufer die Versendung an den Käufer, so kann die Untersuchung und Beanstandung noch nach der Ankunft am Bestimmungsort erfolgen [vgl. Anm. 15 zu § 3]. Solche Mängel, die erst auf der Reise eingetreten sind, z. B. Feuchtwerden wegen Undichtigkeit des Wagendaches, Schimmligwerden infolge großer Hitze im Eisenbahnwagen u. dgl. m. geben aber, da ja die Gefahr der Reise zu Lasten des Käufers geht, keinen Grund zur Beanstandung.

Anm. 4. Da nach § 42 alle Streitigkeiten durch das Schiedsgericht des W.V. zu entscheiden sind, kommt der Gerichtsstand des Erfüllungsortes nur in zweiter Linie in Betracht, also nur insoweit als im Schiedsgerichtsverfahren eine Mitwirkung des ordentlichen Gerichts in Frage kommt, z. B. für die eidliche Vernehmung von Zeugen, für die Hinterlegung des Schiedsspruches und schließlich für das Vollstreckungsverfahren bzw. die Aufhebungsklage (§ 1045 Z.P.O.).

Anm. 5. Hamburg gilt nur dann als Erfüllungsort, wenn aus dem Vertrage nichts anderes hervorgeht. Ein anderes kann ausdrücklich gesagt sein, kann sich aber auch aus gewissen Klauseln ergeben. So vor allem bei der cif- und c. & f.-Klausel. Bei diesen ist der Abladeort Erfüllungsort für die Leistung (§ 39 Absatz 1; aber nicht für die Zahlung!). Bei der Klausel „frei" oder „franko" Ort X ist es dieser Ort, nach dem geliefert werden soll. Bei „frachtfrei" bleibt jedoch der Abladeort Erfüllungsort (§ 41 Absatz 1).

§ 25.

Ist Lieferung „ab Lager" ohne nähere Angaben oder „ab Lager

Hamburg" verkauft, so kann nur von einem Lager im Gebiete der Stadt Hamburg geliefert werden.

Platzusanzen: —

Geschichtliches: Diese Bestimmung ist erst 1920 aufgenommen worden, weil wiederholt Unklarheiten darüber zutage getreten waren, ob auch von einem Altonaer, Wilhelmsburger oder einem Vorortslager angedient werden dürfe [M.B. 2. 6. 1920].

Es scheiden hiernach für die Andienung alle auf preußischem Gebiet, z. B. in Altona, Wilhelmsburg, Harburg gelegenen Läger aus. Anm. 1.

Das Gebiet der Stadt Hamburg umfaßt außer der inneren Stadt auch alle eingemeindeten früheren Vororte und früheren selbständigen Gemeinden. Anm. 2.

Ein Unterschied zwischen einem Lager im Freihafen oder im Zollinlande wird nicht gemacht, sofern in der Schlußnote nicht ausdrücklich etwas darüber gesagt ist. Der Kai ist jedoch kein Lager im Sinne des § 25. Ist „verzollt" verkauft und wird eine auf einem Freihafenlager befindliche Ware angedient, so muß der Verkäufer dem Käufer den Zoll vergüten.

Bezüglich des Übergangs der Gefahr bei einem Verkauf ab Lager vgl. § 41 Absatz 5. Anm. 3.

„Ab Lager" oder „ab Lager Hamburg" ist etwas anderes als „frei ab Hamburg". In ersterem Falle trägt der Käufer, im letzteren Falle der Verkäufer die Kosten vom Lager bis zur Bahn oder zum Schiff (vgl. 41 Absatz 7). Anm. 4.

§ 26.

Bei Verkäufen ab Lager hat der Käufer sich den Besicht-, Nachstech- und Lieferschein vom Verkäufer zu beschaffen.

Platzusanzen: —

Geschichtliches: Diese Bestimmung ist erst 1920 neu aufgenommen worden, um vielfach vorgekommenen, mißverständlichen Anschauungen entgegenzutreten.

Wann der Käufer sich den betreffenden Schein beschafft, ist seine Sache. Versäumt er deswegen die Nachstechfrist, so geht das zu seinen Lasten [vgl. Anm. 13 zu § 3]. Kann der Käufer den Schein vom Verkäufer nicht rechtzeitig bekommen, um die Frist zu wahren, so muß er Anm. 1.

dies dem Verkäufer gegenüber schriftlich feststellen, um sich vor den Folgen des Fristablaufs zu schützen [vgl. Anm. 22 zu § 3].

Anm. 2. Während der Käufer innerhalb der Empfangsfrist jederzeit in den geschäftsüblichen Stunden zu empfangen verlangen kann, gilt dies wegen der Aushändigung des Lieferscheines nicht in gleicher Weise. Vielmehr muß der Käufer seinen Wunsch nach dem Lieferschein rechtzeitig vorher mitteilen, weil dieser lombardiert sein kann und der Verkäufer eine gewisse Zeit zu seiner Auslösung braucht [1919. 36].

Anm. 3. Meist sendet der Verkäufer dem Käufer den Lieferschein unaufgefordert oder aber nach der Aufforderung des Käufers zu. Nötig hat er dies nicht, da es ja Sache des Käufers ist, ihn sich zu beschaffen. Schickt der Verkäufer den Lieferschein mit der Post, so muß er das unter „Einschreiben" tun. Schickt er ihn in einem gewöhnlichen Brief und kommt der Lieferschein in falsche Hände, so geht ein Mißbrauch zu Lasten des Verkäufers [1920. 26].

Anm. 4. Ist ein Lieferschein gegeben und dagegen Zahlung geleistet, so darf der Verkäufer über die Ware, auf die der Lieferschein lautet, nicht mehr verfügen [1922. 17].

Anm. 5. Ist ein Lieferschein gegeben und entstehen dann zwischen Verkäufer und Käufer Meinungsverschiedenheiten über das Geschäft, z. B. ob der Preis sich zu 50 oder 100 kg versteht, so darf der Käufer sich bis zur Klärung der Sachlage des Lieferscheins nicht bedienen, zumal wenn der Verkäufer ihn noch darauf hinweist. Tut er es doch, so erkennt er damit stillschweigend den Standpunkt des Verkäufers an [1922. 16].

Anm. 6. Der § 26 gilt nur für Verkäufe ab Lager. In den anderen Fällen z. B. bei Verkäufen ab Kai muß der Verkäufer dem Käufer die nötigen Papiere andienen, d. h. hinbringen.

§ 27.

Einmal nachgestochene oder besichtigte Waren dürfen nicht auf ein anderes Lager gebracht werden, ohne daß der Käufer hiervon in Kenntnis gesetzt ist.

Platzusanzen: —

Geschichtliches: Eine solche Bestimmung fehlte früher. Grundsätzlich wurde eine Bewegung einer nachgestochenen oder besichtigten Ware ohne Anzeige an den Käufer auch ohne ausdrückliche Vorschrift für unzulässig gehalten [1914/16. 12]. Später hatte dann aber ein Schiedsgericht einen anderen Standpunkt eingenommen, allerdings in einem Falle, in dem der Käufer weder die Identität der Ware bestritten noch auch behauptet hatte, daß diese durch die Umlagerung beschädigt sei [1917. 24]. Da hierdurch eine gewisse Unsicherheit entstanden war, wurde bei der Neubearbeitung im Jahre 1920 eine entsprechende Bestimmung neu aufgenommen.

Der Zweck der Bestimmung besteht darin, den Käufer gegen ein Vertauschen oder gegen eine Beeinflussung der Ware nach der Besichtigung zu sichern. Er soll die Möglichkeit haben, sich von der Identität der Ware und davon, daß sie während des Transportes nicht leidet, z. B. nicht naß wird, durch Kontrolle zu überzeugen [vgl. 1917. 24]. Anm. 1.

Aus dem Wortlaut des § 27 geht hervor, daß er sich auf jede Bewegung der Ware auf ein anderes Lager bezieht. Aus welchem Grunde sie geschieht, ist belanglos. Ebenso ist es gleichgültig, ob dadurch die Interessen des Käufers gefährdet werden oder nicht. Anm. 2.

Bringt der Verkäufer die Ware ohne vorherige Anzeige an den Käufer auf ein anderes Lager, so braucht der Käufer die umgelagerte Ware nicht mehr anzuerkennen, auch wenn der Verkäufer sich zum Beweise der Identität und der Nichtbeschädigung der Ware erbietet. Der Käufer kann dann Schadenersatz wegen Nichterfüllung verlangen. Anm. 3.

Eine Bewegung auf demselben Lager, z. B. ein Umstapeln, fällt nicht unter den § 27. Anm. 4.

Zeigt der Verkäufer dem Käufer die Umlagerung vorher an, so kann dieser ihr nicht widersprechen. Denn eine Umlagerung läßt sich nicht immer vermeiden, z. B. wenn der Verkäufer die auf dem Lager eines Dritten liegende Ware selbst noch nicht empfangen hat, seine Empfangsfrist abläuft und der Dritte von ihm die Abnahme verlangt, während die Empfangsfrist des Käufers noch nicht abgelaufen ist. Da der Verkäufer aber deswegen von dem Käufer keine vorzeitige Abnahme verlangen kann, muß er die Ware auf ein anderes Lager bringen können, und es kann nicht in das Belieben des Käufers gestellt sein, ihm dies durch Verweigerung der Zustimmung unmöglich zu machen. Der Verkäufer muß aber dem Käufer jeden durch die Umlagerung entstehenden Schaden ersetzen z. B. solchen durch Naßwerden oder durch Beschädigung während des Umtransportes. Anm. 5.

Hat der Käufer nur einen Teil einer Gesamtpartie zu empfangen und die Gesamtpartie nachgestochen, so kann er nicht verlangen, daß gerade die von ihm nachgestochenen Stücke liegen bleiben. Will er Anm. 6.

dies, so muß er sie besonders für sich zurücksetzen lassen [1911. 10, vgl. auch Anm. 8 zu § 3].

§ 28.

(1) Innerhalb der usanzmäßigen oder vereinbarten Empfangszeit hat der Verkäufer dem Käufer auf Verlangen Teile der verkauften Waren, jedoch nicht unter 300 kg, zu liefern.

(2) Wird auf Lieferung verkaufte Ware in Teilen angedient, so gelten die Bestimmungen hinsichtlich der Zeit der Beanstandung (§ 3) für jede Teillieferung.

Platzusanzen: Absatz 1: § 10 Absatz 2: „Innerhalb der usanzmäßigen oder verein„barten Empfangszeit ist der Verkäufer verpflichtet, dem Käufer auf Verlangen „Teile der verkauften Ware — jedoch nur ganze Kolli und in angemessenen „Mengen zu liefern."

Absatz 2: § 17 wörtlich ebenso.

Geschichtliches. Absatz 1 kommt schon in der ersten Fassung vor, jedoch mit dem Vermerk, daß nicht unter 300 kg und nicht anders als ganze Originalkolli geliefert zu werden brauchten. Letzteres ist 1920 bei der Beschränkung der W.V.B. auf Kolonialwaren und getrocknete Früchte in Wegfall gekommen, und zwar versehentlich, da ein Komma hinter einer auf Drogen bezüglichen Einschaltung fehlte und deshalb die Worte „nicht anders als Originalkolli" als zu der Drogenbestimmung gehörig angesehen wurden.

Absatz 2 kommt ebenfalls schon in der ersten Fassung vor, jedoch mit dem Vermerk, daß für jede Teillieferung die Bestimmungen hinsichtlich der Zeit der Besichtigung und die Folgen nicht vertragsmäßiger Beschaffenheit gelten und der übrige Vertrag dadurch nicht berührt wird. 1905 ist die heutige Fassung gegeben.

Anm. 1. Der Absatz 1 legt dem Verkäufer eine Pflicht auf, auf Verlangen des Käufers Teillieferungen zu machen, gibt ihm aber kein Recht, den Käufer gegen dessen Willen dazu zu zwingen, solche anzunehmen. In letzterer Beziehung bewendet es bei dem § 266 B.G.B., nach dem der Schuldner zu Teilleistungen nicht berechtigt ist. Das gilt jedoch usanzemäßig nur für Lokogeschäfte, dagegen nicht für Abladungsgeschäfte. Bei letzteren kann der Verkäufer in Teilen abladen und auch Teilabladungen andienen.

Anm. 2. Das Verlangen des Käufers auf Teillieferungen besteht nur innerhalb der Empfangszeit. Es erlischt mit deren Ablauf, denn dann ist ja der Käufer verpflichtet, die ganze Partie abzunehmen.

Anm. 3. Der Verkäufer braucht kleinere Mengen als 300 kg auf einmal nicht zu liefern, ebenso nur ganze Kolli. Das letztere versteht sich, obwohl es nicht mehr ausdrücklich gesagt ist [vgl. die Bemerkung unter Geschichtliches], von selbst, denn es kann dem Verkäufer nicht zugemutet werden, halbe Säcke oder Kisten abzufüllen und zu liefern.

Der Absatz 1 bezieht sich der Natur der Sache nach nur auf Platzgeschäfte, denn bei Lieferungsgeschäften gibt es keine Empfangsfrist. Anm. 4.

Die Empfangsfrist beträgt, wenn nichts anderes [z. B. prompter Empfang 3 Tage, § 35 Absatz 1] bedungen ist, bei ab Lager gehandelten Waren 14 Tage (§ 31 Absatz 1). Anm. 5.

Bei Lieferungsgeschäften verbietet sich ein Verlangen des Käufers auf Teillieferungen von selbst. Anm. 6.

Eine Teillieferung liegt nicht schon dann vor, wenn die Ware nicht auf ein Konnossement oder einen Frachtbrief, sondern auf mehrere reist, sofern nur die Verladung gleichzeitig erfolgt. Ja, ein Schiedsgericht hat sogar einmal das Vorliegen von Teillieferungen verneint, als die Ware an zwei Tagen nacheinander teils als Frachtgut, teils als Eilgut verladen war, und nur gesagt, daß die Verladungen nicht erheblich nacheinander erfolgen dürfen [1918. 26]. Anm. 7.

Was im Absatz 2 darüber gesagt ist, daß für jede Teillieferung die Bestimmungen über die Zeit der Beanstandung (§ 3) gelten, gilt sinngemäß auch bezüglich der Bestimmungen über die Zeit der Beanstandung wegen des Gewichts (§ 4) und über die Beurteilung der Mangel der Ware (§ 18, Absatz 3, Anm. 12 zu § 18). Letzteres gilt auch für Platzgeschäfte. Anm. 8.

Bei Teillieferungen ist ferner jede Lieferung auch hinsichtlich des Gewichtes für sich zu beurteilen. Eine nicht beanstandete Zuviel- oder Zuweniglieferung der ersten Teillieferung kommt auf die späteren nicht zur Verrechnung [E 30 (1904), vgl. Anm. 2 zu § 8]. Anm. 9.

Da der Verkäufer nach § 266 B.G.B. (vgl. Anm. 1) zu Teilleistungen nicht berechtigt ist, kann der Käufer, wenn ihm nicht die volle Menge vorgesetzt wird, die Annahme überhaupt verweigern, zur Lieferung der vollen Menge eine Nachfrist setzen und gegebenenfalls Schadensersatz wegen Nichterfüllung verlangen [1920. 24].

§ 29.

(1) Während der usanzmäßigen oder vereinbarten Empfangszeit lagert die Ware für Rechnung und Gefahr des Verkäufers und unter von diesem bis zur Höhe des Verkaufswerts zu beschaffender Feuerversicherung. Nach Ablauf der Empfangszeit geht jede Gefahr ein-

schließlich derjenigen des Einbruchsdiebstahls ohne weiteres auf den Käufer über.

(2) Für auf Käufers Lager aufgenommene Waren trägt dieser die Feuerversicherung, auch wenn Übergabe noch nicht erfolgt ist.

Platzusanzen: § 11: „Während der usanzmäßigen oder vereinbarten Empfangs„zeit lagert die Ware für Rechnung und Gefahr des Verkäufers und unter von „diesem bis zur Höhe des Verkaufswertes zu beschaffender Feuerversicherung.

„Falls bei Ablauf der Empfangszeit die Übergabe der Ware an den Käufer „noch nicht erfolgt ist, so ist der Verkäufer berechtigt, die Feuerversicherung dem „Käufer schriftlich unter Angabe des Lagers, jedoch nicht früher als auf den „nächstfolgenden Werktag, mittags 12 Uhr, zu kündigen, worauf die Gefahr und „die Verpflichtung der Versicherung auf den Käufer übergeht.

„Für auf Käufers Lager aufgenommene Waren hat dieser die Feuerver„sicherung bis zur Höhe des Verkaufswertes zu decken, auch wenn die Übergabe „an den Käufer noch nicht erfolgt ist."

Geschichtliches: Absatz 1: In der ursprünglichen Fassung standen an Stelle des heutigen Absatz 1 die oben wiedergegebenen beiden ersten Absätze des § 11 P.U. Bei der Neubearbeitung im Jahre 1920 hatte die Kommission sie unverändert lassen wollen. Die M.V. 2. 6. 20 beschloß jedoch, daß eine Anzeige des Verkäufers nicht mehr erforderlich sein und daß mit dem Ablauf der Empfangsfrist jede Gefahr einschließlich der des Diebstahls und jeder sonstigen Entwendung automatisch auf den Käufer übergehen solle. Auf Vorschlag der Kommission, an die die Sache zur Formgebung zurückverwiesen war, wurde dann aber in der M.V. 1. 7. 20 beschlossen, nur die Gefahr des Einbruchdiebstahls zu nennen, weil sonst der Käufer bei jeder Lieferung geringeren Gewichtes machtlos sein würde, wenn der Verkäufer sich darauf beriefe, die Fehlmenge sei entwendet.

Absatz 2: Kommt in ähnlicher Form schon in den Usanzen von 1886 und in der ersten Fassung der W.V.B. mit dem heutigen Wortlaut vor.

Anm. 1. Wenn nichts anders [z. B. prompter Empfang, 3 Tage, § 35 Absatz 1] vereinbart ist, beträgt die usanzmäßige Empfangszeit bei Verkäufen ab Lager 14 Tage [§ 31 Absatz 1].

Anm. 2. Der Verkäufer hat für die Dauer der Empfangszeit die Feuerversicherung bis zur Höhe des Verkaufswertes zu decken. Bei welcher Versicherungsgesellschaft er die Police nimmt, ist ihm überlassen. Für die Bonität der Versicherungsgesellschaft haftet der Verkäufer nicht, es sei denn, daß er bei der Auswahl die Sorgfalt eines ordentlichen Kaufmanns verletzt hat.

Anm. 3. Der Verkäufer braucht die Versicherung nur bis zur Höhe des Verkaufswertes zu decken. Hierunter ist der Wert der Ware zu verstehen, der sich aus dem beim Verkauf vereinbarten Preise ergibt.

Steigt der Marktwert während der Empfangszeit, so braucht der Verkäufer nicht nachzuversichern. Es ist vielmehr Sache des Käufers, seinen darin liegenden Gewinn zu versichern, wenn er darauf Wert legt.

Mit dem Empfang, auch wenn dieser schon vor Ablauf der Empfangszeit erfolgt, erlischt die Verpflichtung des Verkäufers zur Versicherung. Anm. 4.

Tritt vor dem Empfang ein Schadensfall ein, so muß der Verkäufer dem Käufer auf Verlangen gegen Zahlung des vereinbarten Kaufpreises seine Ansprüche aus der Police abtreten [§ 281 B.G.B.]. Andererseits kann der Verkäufer den Käufer nicht zwingen, gegen Abtretung der Rechte aus der Police den vereinbarten Kaufpreis zu zahlen. Hierin kann eine Härte für den Verkäufer liegen. Betrug nämlich z. B. der Verkaufspreis der Ware M. 10 000.—, der Marktpreis infolge Zurückgehens des Marktes nach Abschluß des Verkaufes nur M. 8000.—, so zahlt die Versicherung nur M. 8000.—. Der Verkäufer büßt also infolge des Verlustes der Ware M. 2000.— ein, da er den Käufer nicht zur Annahme der Rechte aus der Police an Stelle der Ware zwingen kann und auch nicht an Stelle der vernichteten eine andere, zum Marktpreise zu beschaffende Ersatzpartie andienen darf. Bei der Neubearbeitung der W.B.B. im Jahre 1920 war eine Bestimmung vorgesehen, die dem Verkäufer entsprechende Rechte gegen den Käufer geben sollte. Sie ist jedoch in die endgültigen Fassung nicht aufgenommen. Anm. 5.

Mit dem Ablauf der Empfangszeit erlischt die Verpflichtung des Verkäufers zur Versicherung ohne weiteres. Es bedarf also nicht mehr wie früher, und wie heute noch nach den P.U., einer vorherigen Anzeige an den Käufer. Mit demselben Augenblick geht automatisch, also ohne daß es einer Inverzugsetzung bedarf, die Gefahr, sowohl die Feuer- als auch die Einbruchdiebstahlsgefahr, auf den Käufer über. Wenn im Absatz 1 Satz 2 von „jeder Gefahr einschließlich derjenigen des Einbruchdiebstahls“ gesprochen wird, so könnte das zu der Auslegung führen, daß jede Gefahr des Verlustes auf den Käufer überginge. Das ist aber nach der unter der Bemerkung „Geschichtliches“ wiedergegebenen Entstehungsgeschichte nicht gemeint. Vielmehr bleibt der Verkäufer für anderes Abhandenkommen der Ware verantwortlich, so z. B. auch wenn von einer Gesamtpartie von anderer Seite zu viel abgenommen wird, so daß nicht mehr die dem Käufer zukommende Menge vor- Anm. 6.

handen ist [1920. 25]. Will der Verkäufer sich gegen Gewichtsverluste, die aus anderen Gründen als durch Einbruchdiebstahl, z. B. gewöhnlichen Diebstahl, durch Schwund oder dgl. eintreten können, schützen, so muß er die Ware nach vorheriger Nachfristsetzung für den Käufer ins Gewicht nehmen und zurücklegen lassen. Ein weiterer Verlust geht dann zu Lasten des Käufers.

Anm. 7. Im Absatz 2, der im übrigen einer besonderen Erläuterung nicht bedarf, ist nichts über die Höhe gesagt, in der die Feuerversicherung gedeckt werden muß. Es ergibt sich aber aus der Sache, daß auch hier bis zur Höhe des Verkaufswertes versichert werden muß.

§ 30.

Wenn eine Partei ihre Zahlungen einstellt, so kann die andere Partei innerhalb drei Werktagen, nachdem sie von der Zahlungseinstellung Kenntnis erhalten hat, verlangen, daß zwischen ihnen schwebende Geschäfte auf Grundlage des Preises reguliert werden, welcher für ein gleiches Geschäft am Tage der Zahlungseinstellung maßgebend war. Dieser Preis wird im Zweifel durch vom Vorstande zu ernennende Sachverständige festgestellt.

Platzusanzen: —

Geschichtliches: Diese Bestimmung fehlt in der ursprünglichen Fassung. Sie wurde erst 1905 aufgenommen. Nach dem derzeitigen Antrage war vorgesehen, daß sie nur für Lieferungsgeschäfte gelten sollte. Ihre Geltung wurde dann aber verallgemeinert. Ein Antrag, für die Glattstellung im Falle der Zahlungsunfähigkeit dieselben Bestimmungen wie für den Verzug gelten zu lassen, wurde im Jahre 1908 abgelehnt.

Anm. 1. Wann eine Zahlungseinstellung als vorliegend anzusehen ist, ist nicht gesagt. Auch die Konkursordnung, in der die Zahlungseinstellung eine wesentliche Bedeutung hat, enthält hierüber keine Bestimmungen. Ein Ausbleiben einer oder mehrerer fälligen Zahlungen, ja auch die Nichteinlösung eines Wechsels bei Vorkommen ist noch nicht ohne weiteres ein Beweis für eine Zahlungseinstellung. Andererseits ist die Tatsache, daß noch einzelne kleine Zahlungen geleistet werden, noch kein Beweis gegen die Zahlungseinstellung. Die Frage ist je nach Lage des Einzelfalles zu beurteilen.

Anm. 2. Das Verlangen der anderen Partei auf Regulierung der schwebenden Geschäfte muß der die Zahlungen einstellenden Partei angezeigt werden. Eine solche Anzeige ist nicht erforderlich, wenn das Kontor der die Zahlung einstellenden Firma geschlossen ist und ihre Inhaber verschwunden sind. Es braucht dann weder ein Brief in den Briefkasten des verschlossenen Kontors gesteckt noch sonst befördert zu werden [1911. 21].

§ 31.

(1) „Ab Lager" gehandelte Waren sind innerhalb 3 Tagen zu bezahlen und innerhalb 14 Tagen zu empfangen. Die Fristen werden vom Tage des Geschäftsabschlusses gerechnet. Fällt der letzte Empfangstag auf einen Sonn- oder Feiertag, so tritt der nächste Werktag an dessen Stelle. Nach Ablauf des dritten Tages nach der Empfangszeit hat der Verkäufer nach vorheriger Androhung das Recht, vom Vertrage zurückzutreten oder die Ware für Rechnung des säumigen Empfängers gemäß § 373 des H.G.B.[1]) zu verkaufen oder den Marktpreis durch Sachverständige gegen ihn feststellen zu lassen.

(2) Bei der Ablieferung der Ware hat der Verkäufer die Ware bis auf die Schale zu liefern; die von da ab entstehenden Kosten sind zu Lasten des Käufers.

Platzusancen: Absatz 1: § 10 Absatz 1: „„Ab Lager" gehandelte Waren sind „innerhalb 14 Tagen, vom Tage des Geschäftsschlusses an gerechnet, zu empfangen. „Fällt der letzte Empfangstag auf einen Sonn- oder Feiertag, so tritt der nächste „Werktag an dessen Stelle. Nach Ablauf des dritten Tages nach der Empfangs„zeit hat der Verkäufer nach vorheriger Androhung das Recht, vom Vertrage „zurückzutreten oder die in §§ 373, 374 H.G.B. angegebenen Rechte geltend zu „machen."

Absatz 2: § 10 Absatz 3 ebenso.

---

[1]) H.G.B. § 373. Ist der Käufer mit der Annahme der Ware in Verzuge, so kann der Verkäufer die Ware auf Gefahr und Kosten des Käufers in einem öffentlichen Lagerhaus oder sonst in sicherer Weise hinterlegen.

Er ist ferner befugt, nach vorgängiger Androhung die Ware öffentlich versteigern zu lassen; er kann, wenn die Ware einen Börsen- oder Marktpreis hat, nach vorgängiger Androhung den Verkauf auch aus freier Hand durch einen zu solchen Verkäufen öffentlich ermächtigten Handelsmakler oder durch eine zur öffentlichen Versteigerung befugte Person zum laufenden Preise bewirken. Ist die Ware dem Verderb ausgesetzt und Gefahr im Verzuge, so bedarf es der vorgängigen Androhung nicht; dasselbe gilt, wenn die Androhung aus anderen Gründen untunlich ist.

Der Selbsthilfeverkauf erfolgt für Rechnung des säumigen Käufers.

§ 31.

Geschichtliches: Absatz 1 kommt schon in der ursprünglichen Fassung vor, jedoch nur bezüglich der Empfangsfrist und mit einer solchen von 14 Tagen und ohne die Schlußworte „oder den Marktwert durch Sachverständige gegen ihn feststellen zu lassen". Diese sind erst 1920 hinzugefügt. In der Nachkriegszeit, vor allem infolge der Inflation, bürgerte es sich immer mehr ein, „prompten" Empfang, d. h. solchen innerhalb 3 Tagen (§ 35 Absatz 1), auszubedingen. Es wurde deshalb wiederholt erwogen, ob nicht der „prompte" Empfang zur Regel gemacht werden sollte. Hiervon wurde jedoch Abstand genommen, weil ein durch die Verpflichtung der Abnahme innerhalb 3 Tagen bedingtes, häufig unnötiges Wechseln des Lagers und die dadurch verursachten Spesen vermieden werden sollten. Deshalb wurde im September 1925 die Bestimmung getroffen, daß zwar die Zahlung grundsätzlich innerhalb 3 Tagen erfolgen, es aber im übrigen bei der 14tägigen Empfangsfrist bleiben soll.

Absatz 2 kommt schon in der ersten Fassung im gleichen Wortlaut vor.

Anm. 1. Die vierzehntägige Empfangszeit gilt nur dann, wenn nichts anderes vereinbart ist, z. B. „prompter Empfang" [3 Tage; § 35 Absatz 1].

Anm. 2. Der Käufer kann die Empfangszeit nicht gegen den Willen des Verkäufers verlängern. Auch eine vom Käufer ausgesprochene Beanstandung entbindet ihn nicht von der Verpflichtung zum Empfang, wenn sie unbegründet ist. Denn sonst könnte ja jeder Käufer den Empfang dadurch verzögern, daß er ins Blaue hinein beanstandet [1921. 27].

Anm. 3. Die 14 Tage der Empfangszeit sind kalendermäßig zu rechnen. Sonn- und Feiertage werden also mitgezählt, es sei denn, daß gerade der letzte Empfangstag ein solcher ist.

Anm. 4. Nach Ablauf der Empfangszeit hat der Käufer noch eine Respektfrist von drei Tagen. (Bezüglich des sofort eintretenden Erlöschens der Versicherungspflicht des Verkäufers vgl. jedoch § 29!) Die Respektfrist hat jedoch nur die Bedeutung, daß der Verkäufer von den ihm für den Fall der Säumnis des Verkäufers gegebenen Rechten erst nach ihrem Ablauf Gebrauch machen darf. Die vorgeschriebene Androhung kann jedoch schon nach Ablauf der Empfangszeit selbst, also innerhalb der Respektfrist erfolgen.

Der Verkäufer und der Käufer können bei der öffentlichen Versteigerung mitbieten.

Im Falle der öffentlichen Versteigerung hat der Verkäufer den Käufer von der Zeit und dem Orte der Versteigerung vorher zu benachrichtigen; von dem vollzogenen Verkaufe hat er bei jeder Art des Verkaufs dem Käufer unverzüglich Nachricht zu geben. Im Falle der Unterlassung ist er zum Schadensersatz verpflichtet. Die Benachrichtigungen dürfen unterbleiben, wenn sie untunlich sind.

Eine Respektfrist kommt nicht in Frage, wenn der Empfang kalendermäßig befristet ist, z. B. „Empfang bis zum 27. d. Mts." Dann bedarf es auch keiner vorherigen Androhung seitens des Verkäufers, da das Geschäft dann den Charakter eines Fixgeschäftes hat [§ 361 B.G.B.].

Auch bei „promptem" Empfang muß eine Nachfrist gestellt werden, die dreitägige Respektfrist fällt aber fort [vgl. Anm. 1 zu § 35].

Ist die ursprüngliche Empfangszeit auf Wunsch des Käufers im Einverständnis des Verkäufers verlängert, so kann der Verkäufer nach Ablauf der verlängerten Empfangszeit nicht ohne weiteres handeln. Er muß vielmehr auch in diesem Falle erst eine Androhung ergehen lassen [1913. 37]. Anm. 5.

Die vom Verkäufer durch die „Androhung" zu stellende Nachfrist muß angemessen sein, d. h. sie muß so bemessen sein, daß der Käufer während ihrer Dauer tatsächlich empfangen kann. Ist die gestellte Nachfrist unangemessen kurz, so ist sie deshalb nicht bedeutungslos. Sie läuft dann nur nicht mit dem vom Verkäufer angegebenen Zeitpunkt, sondern nach angemessener Dauer ab. Anm. 6.

Die Androhung muß schriftlich erfolgen oder doch unverzüglich schriftlich bestätigt werden. Eine nur mündliche Androhung ist wirkungslos [1906. 13].

Nach Ablauf der Nachfrist kann der Verkäufer die von ihm angedrohte Maßnahme ergreifen, also entweder vom Vertrage zurücktreten oder die Ware gemäß § 373 H.G.B. für Rechnung des Käufers verkaufen oder den Marktpreis durch Sachverständige gegen ihn feststellen lassen. Anm. 7.

Bezüglich des Verkaufes für Rechnung des säumigen Käufers ist zu bemerken, daß er in diesem Falle [anders als im Falle des § 38] nicht unbedingt im Wege der öffentlichen Versteigerung zu erfolgen braucht, sondern auch aus freier Hand erfolgen darf. „Öffentlich ermächtigte Handelsmakler", von denen der § 373 H.G.B. spricht, gibt es allerdings in Hamburg nicht. Es wird deshalb der Verkauf durch jeden zuverlässigen Makler als ausreichend angesehen. Der Makler muß aber durch Umfrage bei einer größeren Anzahl von Firmen der Branche den höchsten Preis zu ermitteln suchen und soll auch der Firma, gegen die der Verkauf stattfindet, Gelegenheit zu einem Gebot geben, falls sie am Platze ist. Einen Verkauf, der nicht ordnungsmäßig im vorstehend bezeichneten Sinne erfolgt ist, und deswegen einen verhältnismäßig zu geringen Erlös für die Ware ergibt, braucht der säumige Käufer nicht gegen sich gelten zu lassen.

Anm. 8. Der § 31 behandelt den Annahmeverzug des Käufers. Er findet infolgedessen dann Anwendung, wenn es sich nur darum handelt, daß der Verkäufer die Ware, zu deren Lieferung er verpflichtet ist, los sein will, um sie nicht länger für den Käufer zu hüten. Dagegen spielt für ihn die Leistung des Käufers, d. h. die Bezahlung keine Rolle. Wenn der Käufer mit der Zahlung in Verzug ist, hat der Verkäufer naturgemäß an der Abnahme der Ware kein Interesse; er wird sie im Gegenteil zurückhalten und zunächst Zahlung verlangen und, wenn er sie nicht bekommen kann, gemäß § 38, der den Leistungsverzug behandelt, vorgehen. Infolgedessen wird der § 31 praktisch meist nur dann zur Anwendung kommen, wenn der Käufer bereits, z. B. gegen Lieferschein, bezahlt hat. Der Verkäufer muß dann auf Grund der von ihm gewählten Maßnahme mit dem Käufer abrechnen. Denn wenn der Käufer schon bezahlt hat, kommt ihm natürlich das zugute, was der Verkäufer für die Ware bekommt.

Anm. 9. Der Rücktritt, der Verkauf und die Preisfeststellung sind Rechte des Verkäufers. Ob und wann er sie zur Geltung bringen will, steht bei ihm. Er kann sich ebensogut passiv verhalten und erst einmal abwarten. Er kann natürlich auch auf Abnahme der Ware klagen. Über die Folgen der Überschreitung der Empfangszeit durch den Käufer in bezug auf den Übergang der Gefahr vgl. § 29 Absatz 1. Über die Sicherung des Verkäufers gegen nach Ablauf der Empfangsfrist eintretende Gewichtsverluste vgl. Anm. 6 zu § 29.

Anm. 10. Der Verpflichtung des Käufers, die Ware innerhalb der Empfangszeit abzunehmen, steht sein Recht gegenüber, sie innerhalb der Empfangszeit jederzeit d. h. in den üblichen Geschäftsstunden zu fordern. Es kann aber unter Umständen als Schikane aufgefaßt werden, wenn der Käufer, ohne sich während der ganzen Empfangszeit zu melden, am letzten Tage in letzter Stunde empfangen will [1918. 17]. Ist die Ware beim Vorfahren des Käufers nicht greifbar, so muß der Verkäufer ihm die Kosten der vergeblichen Fuhre bezahlen [1923. 15]. Der Verkäufer kommt überdies in Leistungsverzug und der Käufer kann gemäß § 38 gegen ihn vorgehen. Der Verkäufer wird auch durch guten Glauben nicht geschützt. Verkauft er eine Ware, die mit einem bestimmten bereits gelöschten Dampfer eingetroffen sein soll, ab Kai oder ab Lager, und stellt sich dann heraus, daß die Ware nicht im Dampfer war, so kann er sich nicht auf seinen guten Glauben berufen [1923. 16].

Zu Absatz 2. Der Verkäufer hat die Ware nur bis auf die Schale zu liefern. Alle weiteren Kosten trägt der Käufer, also auch die Kosten des Absetzens vom Lager. Anm. 11.

§ 32.

(1) Die Abnahme „ab Kai" gekaufter Waren hat spätestens am zweiten Tage nach erfolgter Entlöschung des Fahrzeuges, bei früher gelöschten Waren am dritten Tage nach erfolgter Andienung (§ 2) zu geschehen. Durch verzögerte Abnahme entstehende Kai- und sonstige Kosten sind zu Lasten des Käufers. Erfolgt die Verwiegung auf Veranlassung des Käufers während der Lagerung der Ware oder nicht schalenweise, so hat der Käufer die dadurch entstehenden Mehrkosten zu tragen. Nach Ablauf des dritten Tages nach der Empfangszeit stehen dem Verkäufer die im § 31 genannten Rechte zu.

(2) Wird „ab Kai" verkaufte Ware nicht am Kai gelöscht, so hat der Verkäufer sie frei an eine vom Käufer zu bezeichnende, zu Wasser erreichbare Landungsstelle im Gebiete des Hamburger Hafens (s. Hafengesetz vom 2. Juni 1897 § 1 und Gesetz betr. die Ausdehnung des Hafengesetzes auf die Wasserflächen bei Finkenwärder vom 13. 10. 1919)[1]) zu bringen.

Platzusanzen: Absatz 1: § 12 Absatz 1 entsprechend, jedoch fehlen im ersten Satz hinter dem Wort „Entlöschung" die Worte „des Fahrzeuges."

Absatz 2: § 12 Absatz 2 wörtlich ebenso.

Geschichtliches: Die Bestimmung kommt schon in der ursprünglichen Fassung vor,

---

[1]) **Hafengesetz § 1:** „Das Geltungsgebiet dieses Gesetzes umfaßt die Elbe vom Köhlbrand und von der Landesgrenze gegen Altona bis zur Einmündung der Dove-Elbe nebst allen auf dieser Strecke mit dem Elbstrom in Verbindung stehenden der Ebbe und Flut ungehindert zugänglichen Wasserstraßen und Wasserflächen, soweit dieselben zum hamburgischen Gebiet gehören, endlich die Wasserflächen zwischen der Alsterschleuse einerseits und den Schleusen am Graskeller, an der Michaelisbrücke und an der Mühlenbrücke andererseits."

Gesetz betr. die Ausdehnung des Hafengesetzes auf die Wasserflächen bei Finkenwärder vom 13. 10. 1919:

„Das Geltungsgebiet des Hafengesetzes vom 2. 6. 1897 . . . . wird auf das Köhlfleth und die mit der Elbe in Verbindung stehenden Hafeneinschnitte vor Finkenwärder ausgedehnt."

jedoch ohne das Wort „spätestens" in der ersten Zeile und die Worte „des Fahrzeuges" in der zweiten Zeile. Ersteres ist 1905, letztere sind 1920 eingeschaltet.

Anm. 1. Das Leerwerden des Fahrzeuges (vgl. hierzu auch Anm. 18 zu § 3) braucht der Verkäufer dem Käufer nicht besonders anzuzeigen. Die Empfangsfrist beginnt also automatisch zu laufen. Diese Bestimmung bezieht sich auf solche Fälle, in denen Waren aus einem bestimmten Dampfer verkauft sind, der erst löscht. Ist dagegen die Entlöschung zur Zeit des Verkaufes schon beendet, so beginnt die Frist mit der Andienung der Papiere.

Anm. 2. Nach Ablauf der dreitägigen Respektfrist kann der Verkäufer nach vorheriger Androhung vom Vertrage zurücktreten, die Ware nach § 373 H.G.B. verkaufen oder den Marktwert durch Sachverständige feststellen lassen [vgl. hierzu Anm. 7—8 zu § 31].

Anm. 3. Um sich gegen Gewichtsverluste, die nach Ablauf der Empfangszeit eintreten können, zu schützen, kann der Verkäufer die Ware alsbald nach Ablauf der Empfangsfrist kaiseitig verwiegen lassen. Das so festgestellte Gewicht ist dann maßgebend, so daß ein sich beim tatsächlichen Empfang ergebendes Mindergewicht zu Lasten des Käufers geht [1920. 32].

Anm. 4. Entsprechend dem § 29 geht mit Ablauf der Empfangszeit die Gefahr auf den Käufer über. Das hat zur Folge, daß das bei dem verspätet erfolgenden Empfang festgestellte Gewicht, wenn die Ware beraubt ist, nicht mehr maßgebend für die Abrechnung ist. Andererseits kann aber der Verkäufer nun nicht einfach das Konnossements- oder Teilscheingewicht der Abrechnung zugrunde legen. Es ist allerdings von diesem auszugehen, aber der während der Reise erfahrungsgemäß eintretende natürliche Schwund zu berücksichtigen [1923. 13, vgl. auch Anm. 5 zu § 6]. Dagegen geht ein während der Empfangszeit eintretender Verlust zu Lasten des Verkäufers, und zwar auch dann, wenn er nach der Besichtigung der Ware durch den Käufer, aber vor der innerhalb der Empfangszeit erfolgenden Abnahme eintritt. Die Besichtigung ist noch kein Empfang [1921. 22].

Anm. 5. Verzögert der Käufer die Abnahme über die Empfangszeit hinaus, so treffen ihn die während der Dauer der Überschreitung der Empfangszeit entstehenden Mehrkosten, z. B. Lagergeld.

Anm. 6. Der Pflicht des Käufers zum Empfang innerhalb der vorgeschriebenen Zeit steht auch hier sein Recht auf Empfang innerhalb der gleichen Zeit gegenüber [vgl. Anm. 10 zu § 31]. Der Verkäufer wird durch seinen guten Glauben, daß die Ware in dem betreffenden Dampfer ist oder war und gelöscht ist, nicht geschützt [1923. 15]. Er haftet auch dafür, daß die Ware am Kai zu empfangen ist. Es geht zu seinen Lasten, wenn sie am Kai verstapelt und nicht zu finden ist [1924. 15].

Wird die ab Kai verkaufte Ware nicht am Kai, sondern im Strom gelöscht, so muß der Verkäufer sie an eine vom Käufer zu bezeichnende, zu Wasser erreichbare Landungsstelle im Hafengebiet bringen. Unter Landungsstelle ist eine dem allgemeinen Verkehr zugängliche Lösch- und Ladestelle zu verstehen. Dagegen kann der Käufer nicht ohne weiteres verlangen, daß die Ware ihm an einen Speicher geliefert wird, da dies ein Mehr darstellen würde und der Käufer, wenn die Ware am Kai gelöscht wird, sie auch auf seine Kosten zum Speicher bringen muß. Anm. 7.

§ 33.

(1) Bei der Klausel „frei hinter den Speicher des Käufers zu liefern" ist der Käufer verpflichtet, einen zu Wasser erreichbaren Speicher im Gebiet des Hamburger Hafens (siehe § 32 Abs. 2) anzuweisen. Wenn die Anlieferung zu Wasser durch Eis, Wassermangel oder sonstige höhere Gewalt verhindert wird, ist der Verkäufer berechtigt und auf Verlangen des Käufers verpflichtet, die Ware zu Lande frei vor die Tür des angewiesenen Speichers zu liefern.

(2) Mit dieser Klausel verkaufte Waren müssen, wenn sie bis 4½ Uhr angedient sind, am nächsten Werktage aufgenommen werden. Geschieht die Aufnahme der ordnungsmäßig angedienten Ware nicht innerhalb genannter Frist, bzw. bei in genannter Frist nicht zu bewältigenden Mengen nicht in ununterbrochener Folge, so sind die durch die Verzögerung entstehenden Kosten vom Käufer zu tragen.

Platzusanzen: § 13 wörtlich übereinstimmend, jedoch ist die Andienungsfrist im Absatz 2 nicht 4½, sondern 5 Uhr.

Geschichtliches. Absatz 1: Schon die Usanzen von 1886 hatten eine dem heutigen Absatz 1 ähnliche Bestimmung, die aber dem Verkäufer im Falle höherer Gewalt nur das Recht, nicht aber auch die Pflicht gab, die Ware vor die Tür des Käufers zu liefern. Die ursprüngliche Fassung der W.V.B. entsprach im Satz 1 der heutigen. Der Satz 2 lautete:

„Wenn die Anlieferung zu Wasser durch Eis oder sonstige höhere Gewalt „verhindert wird, ist der Verkäufer berechtigt, die Ware frei vor die Tür des

„angewiesenen Speichers zu liefern. Will der Käufer die Ware auf seine „Kosten zum Speicher befördern, so ist der Verkäufer verpflichtet, sie ihm zu „liefern."

1905 ist in Übereinstimmung mit den P.U. die heutige Fassung gewählt.

Absatz 2: Nach den Usanzen von 1886 mußte bei Andienung bis 12 Uhr mittags noch am gleichen Tage aufgenommen werden. Im übrigen war eine Andienung für den folgenden Tag bis 7 Uhr abends zulässig. Die ursprüngliche Fassung der W.V.B. ließ die Andienung für denselben Tag ganz fallen und setzte den Zeitpunkt, bis zu dem die Andienung zu erfolgen hat, auf 5 Uhr fest. 1905 wurde er auf 4 Uhr, 1920 auf 4½ Uhr bestimmt.

Anm. 1. Der „Speicher des Käufers" braucht kein dem Käufer selbst gehöriger oder auch von ihm gemieteter Speicher zu sein. Vielmehr bedeutet er einen vom Käufer zu bestimmenden Speicher. Der Käufer kann deshalb auch den Speicher eines Quartiersmanns oder einer anderen Firma z. B. seines Käufers, wenn er die Ware schon weiter verkauft hat, aufgeben.

Anm. 2. Das Aufnehmen selbst ist Sache des Käufers. Der Verkäufer hat genug getan, wenn er das Fahrzeug mit der Ware hinter den Speicher hingelegt hat.

Anm. 3. Wenn infolge höherer Gewalt nicht zu Wasser angeliefert werden kann und deswegen mit Fuhrwerk angeliefert wird, so kann der Käufer gleichwohl nur Lieferung an einen am Wasser liegenden Speicher, nicht aber an irgendeine Stelle in der Stadt verlangen.

Anm. 4. Zu Absatz 2. Wenn in dem Speicher mehrere Parteien auf verschiedenen Böden wohnen und nach der Hausordnung die Winde von jeder Partei nur bestimmte Stunden benutzt werden darf, so geht das zu Lasten des Käufers.

§ 34.

Wenn bei „frei auf Käufers Schale" zu liefernden Waren der Verkäufer vom Käufer nicht in die Lage gesetzt wird, die ordnungsmäßig angediente Ware innerhalb der genannten Frist auf Käufers Lager aufzubringen, so sind die durch die Verzögerung entstehenden Kosten vom Käufer zu tragen.

Platzusanzen: § 14 wörtlich übereinstimmend.

Geschichtliches: Die Bestimmung kommt schon in der ursprünglichen Fassung im gleichen Wortlaut vor.

§ 34.

Die Andienung der Ware hat analog dem § 33 Absatz 2 bis 4½ Uhr nachmittags für den folgenden Werktag zu erfolgen. Auch im übrigen gilt der § 33 Absatz 2 analog, d. h. es muß am nächsten Werktage bzw. bei an einem Tage nicht zu bewältigenden Mengen in ununterbrochener Folge abgenommen werden. Anm. 1.

Das Aufbringen auf das Lager bis auf die Schale des Käufers ist Sache des Verkäufers. Er trägt die Kosten dafür. Anm. 2.

Unter „Käufers" Schale ist die Schale der vom Käufer aufgegebenen Firma zu verstehen [vgl. Anm. 1 zu § 33]. Anm. 3.

§ 35.

(1) Ist bei Platzgeschäften „prompte" Lieferung oder Empfangnahme bedungen, so hat dieselbe innerhalb drei Werktagen zu erfolgen. Der Tag des Kaufes wird hierbei nicht mitgerechnet.

(2) Ist „prompt nach Ankunft zu empfangen" oder „prompt nach Ankunft und Andienung zu empfangen" verkauft, so ist die Ware spätestens am dritten Werktag nach der Andienung zu empfangen.

(3) Ist „prompte" Abladung zur See bedungen, so ist die Bedeutung dieses Begriffes in der Schlußnote näher zu bestimmen. Ist dies nicht geschehen, so hat die Abladung bei Bezügen von europäischen Häfen der Ostsee, der Nordsee und des Atlantischen Ozeans, mit Ausnahme derjenigen Spaniens und Portugals, innerhalb 15 Tagen, von Häfen Spaniens, Portugals, des Mittelländischen und Schwarzen Meeres sowie der Ostküste Nordamerikas innerhalb 21 Tagen, von anderen Häfen innerhalb 30 Tagen zu erfolgen. Für die rechtzeitige Verschiffung ist das Datum der Verladescheine maßgebend.

(4) Ist „prompte" Verladung vom deutschen Inlande bedungen, so ist die Ware innerhalb 14 Tagen zu verladen. Für die rechtzeitige Verladung ist das Datum des Frachtbriefes bzw. des Ladescheines maßgebend.

Platzusanzen: § 15. „Ist bei Platzgeschäften „prompte" Lieferung oder Empfang„nahme bedungen, so hat dieselbe innerhalb drei Werktagen nach dem Tage des „Geschäftsabschlusses zu erfolgen."

Eine den Absätzen 2—4 entsprechende Bestimmung fehlt.

Geschichtliches. Absatz 1: Die Bestimmung kommt schon in der ursprünglichen Fassung im gleichen Wortlaut vor, jedoch ohne den zweiten Satz. Dieser ist 1920 zur Behebung von Unklarheiten hinzugefügt.

Absatz 2: Diese Bestimmung ist 1920 neu aufgenommen.

Absatz 3: Schon in der ursprünglichen Fassung und bis 1920 begann dieser Absatz mit den Worten:

„Ist „prompte" Abladung bedungen, so hat dieselbe bei Bezügen von euro-„päischen Häfen . . . usw."

Dabei galt ursprünglich für Abladungen von europäischen Häfen der Ostsee, der Nordsee und des Atlantischen Ozeans eine nur 10tägige Frist. Diese wurde 1904 für spanische und portugiesische Häfen auf 21 Tage ausgedehnt.

Bei der Neubearbeitung der W.V.B. im Jahre 1920 wurde die Streichung der Bestimmung erwogen, weil die Schiffsverbindungen nach dem Kriege noch nicht wieder so regelmäßig seien wie früher. Man wählte dann, unter gleichzeitiger Ausdehnung der Frist für Abladungen von den europäischen Häfen der Ostsee, der Nordsee und des Atlantischen Ozeans, als Ausweg die heutige Fassung, daß an sich in der Schlußnote der Begriff der „prompten" Abladung zu erläutern ist und die Fristen nur dann gelten, wenn ersteres nicht geschehen ist. Darin liegt eine sachliche Änderung nicht, denn auch vorher konnten die Parteien durch Aufnahme eines entsprechenden Zusatzes in die Schlußnote eine abweichende Bestimmung treffen.

Absatz 4: Diese Bestimmung ist 1920 neu aufgenommen, da die Verladungen vom Inlande in der Kriegs- und Nachkriegszeit im Gegensatz zur Vorkriegszeit größere Bedeutung gewonnen hatten.

Anm. 1. Zu Absatz 1: Die Empfangsfrist beginnt mit dem dem Geschäftsabschluß folgenden Werktage [vgl. § 31 Absatz 1]. Wird die Frist nicht innegehalten, so kann der andere Teil nicht ohne weiteres vom Vertrage zurücktreten, sondern muß erst eine Nachfrist setzen, die in diesem Falle aber kurz bemessen sein kann. Eine Respektfrist wie im Falle des § 31 Absatz 1 ist auch beim Annahmeverzug des Käufers nicht erforderlich [vgl. Anm. 4 und 5 zu § 31].

Anm. 2. Zu Absatz 2: Auch wenn nur „prompt nach Ankunft zu empfangen" verkauft ist, muß eine Andienung seitens des Verkäufers erfolgen, um die Empfangsfrist in Lauf zu setzen, da ja der Käufer nicht wissen kann, wann die Ware ankommt.

Anm. 3. Zu Absatz 3: Über den Begriff der Abladung vgl. Anm. 9 zu § 36. Das Wort „Verschiffung" im letzten Satz ist bei der bei der Neubearbeitung im Jahre 1920 vorgenommenen Änderung des § 36 versehentlich stehen geblieben. Es müßte statt dessen richtiger „Abladung" heißen, da der Satz nur eine Erläuterung zu dem vorhergehenden ist. Der Absatz 3 gilt analog auch, wenn prompte Verschiffung oder prompte Segelung bedungen ist.

Anm. 4. Für die Rechtzeitigkeit der Abladung ist das Datum der Verladescheine, also in erster Linie des Konnossements, maßgebend. Indessen ist dieser Beweis kein absoluter. Es ist vielmehr der Beweis der Unrichtigkeit des im Konnossement angegebenen Datums zulässig, die Beweislast hierfür trifft aber die Gegenseite [1913. 29]. Enthält ein Durchgangskonnossement außer dem Datum der Ausstellung auch das Datum des Tages, an dem die Ware zur Verladung übergeben ist, so kommt das letztere in Betracht [1912. 12].

Unter Umständen kann statt des Konnossements auch das sog. masters receipt als maßgebend für den Zeitpunkt der Abladung in Betracht kommen, wenn nämlich das letztere beweist, daß die Abladung rechtzeitig erfolgt ist, auch wenn das Konnossement ein späteres Datum trägt [E 50 (1906)]. Bei der im Handel mit Kalifornien vielfach üblichen sog. Responsability-Klausel genügt es zur Wahrung der Abladefrist, wenn für ein zum Abgang innerhalb der Frist angezeigtes Schiff der Frachtraum gebucht ist und ein dock-receipt vorliegt [1921. 31).

Absatz 4 gilt nur für Verladung mit der Eisenbahn und mit einem Flußfahrzeug. Die Bestimmung, daß in diesem Fall das Datum des Frachtbriefes bzw. des Ladescheines maßgebend ist, gilt entsprechend auch für Bahn- und Binnenschiffverladungen von außerdeutschen Stationen, wie solche für rumänische Walnüsse und jugoslawische Pflaumen vielfach vorkommen. Anm. 5.

„Sofortige" Abladung bedeutet etwas anderes wie „prompte" Abladung, nämlich solche mit erstem Dampfer [Vorst. 30. 10. 13]. Ist „Verladung mit erstem Dampfer" bedungen, so ist hierunter jeder Dampfer zu verstehen, der nach dem Geschäftsabschluß abgeht. Es kommt dafür nicht darauf an, ob der Verkäufer wegen der Kürze der Zeit noch Weisung nach dem Abladehafen geben kann [E 54 (1910)]. „Sofortige Abrollung" bedeutet, daß der Verkäufer alsbald nach Inordnunggehen des Geschäftes die Verladung per Bahn bewirkt [1912. 23]. Anm. 6.

Über Verladungen im gebrochenen Verkehr vom Inlande vgl. Anm. 14—16, über die Folgen verspäteter Abladung vgl. Anm. 5 und 6 zu § 36. Anm. 7.

§ 36.

(1) Bei Lieferungsabschlüssen bleibt der Tag der Lieferung oder Verladung innerhalb der Termine in Verkäufers Wahl. Ist die Frist nicht eingehalten, wofür hinsichtlich der Abladung oder Verschiffung die Verladescheine maßgebend sind, so ist der Käufer zur

Zurückweisung der Ware und zur Geltendmachung von Schadensersatzansprüchen ohne Gewährung einer Nachfrist befugt (s. § 18 und § 38).

(2) Ist Abladung oder Verladung innerhalb einer bestimmten Frist bedungen, so muß innerhalb derselben die Ware dem Transportübernehmer oder Transportführer übergeben sein, von dem der Verladeschein ausgestellt wird, auf Grund dessen die Beförderung bis zum Bestimmungsorte erfolgt.

(3) Ist Verschiffung innerhalb einer bestimmten Frist bedungen, so muß die Ware innerhalb dieser Frist an Bord des Schiffes übergenommen sein.

(4) Ist Segelung innerhalb einer bestimmten Frist bedungen, so muß das Schiff (Segler oder Dampfer) mit der Ware innerhalb dieser Frist den Hafen verlassen und die Reise angetreten haben.

Platzusanzen: —

Geschichtliches. Absatz 1: kommt schon in der ursprünglichen Fassung im gleichen Wortlaut vor.

Absätze 2—4: Die ursprüngliche Fassung enthält an deren Stelle die folgende Bestimmung:

„Ist „Abladung" innerhalb einer bestimmten Frist bedungen, so muß innerhalb „derselben die Ware dem Transportführer übergeben sein, ist „Verschiffung" be„dungen, so muß innerhalb der Frist die Ware an Bord gebracht sein, ist „Segelung" bedungen, so muß das Schiff innerhalb der Frist die Reise ange„treten haben."

Da sich in der Folgezeit Unklarheiten ergaben, ob es zur Wahrung der Frist genüge, wenn die Ware innerhalb der Frist im Inlande einem Transportführer (Eisenbahn) übergeben wurde, wurde 1907 beschlossen, daß das nur dann ausreichend sei, wenn für die Ware von dem sie im Inlande übernehmenden Transportführer ein (Durchgangs-)Konnossement gegeben werde [1906. 7]. Dementsprechend wurde hinter den Worten „. . . . dem Transportführer übergeben sein" der Zwischensatz eingeschaltet: „von dem der Versandschein ausgestellt wird, auf Grund dessen die Beförderung bis zum Bestimmungsort erfolgt".

Im Jahre 1913 wurde die Frage aufgeworfen, ob unter „Abladung" und „Verladung" dasselbe zu verstehen sei und ob nicht bei „Verladung" nur ein shipped-Konnossement angedient werden könne, während bei „Abladung" auch ein received-Konnossement andienbar sei. Diese Frage wurde verneint. Zur Vermeidung von Zweifeln wurde die Einleitung der Bestimmung so gefaßt: „Ist Abladung oder Verladung innerhalb einer bestimmten Frist . . . usw." [1913. 5].

Bei der Neubearbeitung der W.V.B. im Jahre 1920 wurde diese Frage nochmals eingehend, aber mit demselben Ergebnis erörtert. Die Begriffe „Abladung" und „Verladung", „Verschiffung" und „Segelung" wurden durch Trennung in verschiedene Absätze schärfer voneinander geschieden.

Wann der Verkäufer innerhalb der Termine liefern bzw. abladen will, steht ausschließlich bei ihm. Er kann bis gegen das Ende der Frist, ja bis zum letzten Tage warten. Hieraus folgt, daß er, wenn er gegen Ende der Frist an der Abladung durch höhere Gewalt verhindert wird, hierdurch geschützt wird, sofern er nicht auch für höhere Gewalt haftet [hierüber vgl. einerseits Anm. 3, andererseits Anm. 7], und daß der Käufer ihm nicht entgegenhalten kann, daß er ja nicht solange mit der Abladung habe zu warten brauchen und solchenfalls habe liefern können. Anm. 1.

Die Termine, innerhalb deren abgeladen werden muß, können zweierlei Art sein. Bei der Vereinbarung „prompter" Abladung ist diese innerhalb einer je nach dem Lande, von dem abzuladen ist, verschiedenen Anzahl von Tagen zu bewirken. Ein Datum, bis zu dem die Abladung erfolgt sein muß, läßt sich somit vom Datum des Geschäftsabschlusses errechnen, es ist aber nicht ohne weiteres schematisch so festgelegt, daß die Ware danach einen bestimmten, zeitlichen Charakter erhält. Dies letztere ist dagegen der Fall, wenn, wie das vielfach und vor allem bei Abschlüssen, die auf Lieferung in späterer Zeit, oft erst in Monaten, üblich ist, die Abladung ausdrücklich für eine kalendermäßig bestimmte, meist nach Kalendermonaten bemessene Zeitspanne vereinbart ist. [z. B. Juli-Abladung, September/Oktober-Abladung, Abladung erste Hälfte November.] Ist solches vereinbart, so erhält dadurch das Geschäft einen fixgeschäftähnlichen Charakter, der für seine Beurteilung von Wichtigkeit ist. Der § 36 hat nur die zweite Art von Abladungsgeschäften im Auge. Für die erstere findet er nicht in seiner vollen Schärfe Anwendung [über diese vgl. Anm. 7]. Die in den folgenden Anmerkungen 3—6 entwickelten Grundsätze gelten daher nur für die ausdrücklich kalendermäßig begrenzten Abladungen. Anm. 2.

An die Innehaltung der Abladefrist werden die schärfsten Anforderungen gestellt. Die kalendermäßige Begrenzung der Abladezeit verleiht dem Geschäft nicht nur einen fixgeschäftähnlichen Charakter, sondern die Abladezeit wird geradezu als eine Eigenschaft, und zwar als eine wesentliche, zugesicherte Eigenschaft der Ware angesehen. Deshalb gibt es in bezug auf ihre Innehaltung auch nur ein Ja oder ein Nein. Ist die Abladezeit nicht innegehalten, so genügt diese Tatsache. Auf Anm. 3.

die Gründe, warum sie nicht innegehalten ist, ob aus Verschulden des Abladers oder wegen eines von ihm nicht zu vertretenden Umstandes, kommt es nicht an. Der Ware fehlt eine wesentliche Eigenschaft. Sie ist nicht vertragsmäßig.

Anm. 4 Für die Rechtzeitigkeit bzw. Verspätung der Abladung ist das Datum der Verladepapiere maßgebend. Hierüber und über die Zulässigkeit des Gegenbeweises der Unrichtigkeit des Datums vgl. Anm. 4 zu § 35.

Anm. 5. Ist die Abladefrist nicht innegehalten, so ist der Käufer berechtigt, die Ware zurückzuweisen und Schadensersatzansprüche geltend zu machen, letzteres auch dann, wenn der Ablader durch höhere Gewalt an der rechtzeitigen Abladung verhindert ist [E 35 (1904)]. Denn es handelt sich bei der Schadensersatzpflicht des Verkäufers nicht um eine Haftung für ein Verschulden, sondern um eine solche für eine zugesicherte Eigenschaft der Ware. Unter dem Schadensersatzanspruch, von dem der § 36 Absatz 1 spricht, ist in erster Linie an einen solchen wegen Nichterfüllung gedacht. Dadurch ist aber keineswegs ausgeschlossen, daß der Käufer, wenn er die Ware annimmt, Schadensersatz für den ihm infolge der verspäteten Abladung entstehenden Schaden fordert [E 35 (1904), dort unrichtigerweise als Anspruch auf Minderung bezeichnet]. In diesem Falle muß natürlich der Käufer, wie übrigens bei jedem Schadensersatzanspruch, der nicht abstrakt auf Grund der Marktpreise berechnet ist, beweisen, daß und in welcher Höhe ihm ein Schaden entstanden ist.

Anm. 6. Der Rücktritt und der Anspruch auf Schadensersatz wegen Nichterfüllung kann geltend gemacht werden, ohne daß der Käufer erst eine Nachfrist zu setzen braucht. Der Käufer kann aber statt dessen auch die Lieferung anderer, rechtzeitig abgeladener Ware verlangen [1910. 9]. Tut er dies und kommt der Verkäufer diesem Verlangen nicht nach, so wird man dann einen Rücktritt und Anspruch des Käufers erst zulassen können, wenn er dem Verkäufer im weiteren Verlaufe eine Nachfrist mit entsprechender Androhung gesetzt hat, denn die Sachlage ist dann genau so, als ob eine Andienung überhaupt noch nicht erfolgt wäre.

Der Verkäufer kann dem Käufer gegen dessen Willen nachträglich keine andere, rechtzeitig abgeladene Ware mehr aufdrängen. Insofern, aber auch nur insofern, ist der vielfach verallgemeinerte Satz zutreffend, daß eine zweite Andienung nicht zulässig ist. Im übrigen ist besonders darauf hinzuweisen, daß der § 36 Absatz 1 nur dann zur Anwendung kommt, wenn es sich um eine zeitlich falsche Abladung handelt. Beanstandet der Käufer die Andienung aus einem anderen Grunde, so bewendet es bei den allgemeinen Bestimmungen [vgl. Anm. 2 zu § 19].

Bei den vorstehenden Ausführungen und bei der Abfassung des § 36 Absatz 1 Satz 2 ist im wesentlichen nur an den Fall gedacht, daß die Abladung erst verspätet erfolgt ist. Sie kann aber auch bereits vor Beginn der Abladefrist erfolgt sein. Das Schiedsgericht hat in einer Entscheidung, der einzigen, die sich mit einem solchen Fall beschäftigt [1913. 13], den Standpunkt vertreten, daß der § 36 Absatz 1 auf diesen Fall nicht anwendbar sei. Denn während bei verspäteter Abladung wegen des Ablaufes der Abladefrist eine vertragsmäßige Erfüllung unmöglich geworden sei, stehe bei vorzeitiger Abladung dem Verkäufer noch die ganze Abladefrist zur Erfüllung des Vertrages zur Verfügung und er könne doch noch imstande sein, den Vertrag ordnungsmäßig zu erfüllen. Es würde daher gegen Recht und Billigkeit verstoßen, wenn man dem Käufer unter diesen Umständen das Recht geben wollte, sich fristlos vom Vertrage zu lösen. Diese Entscheidung ist bedenklich. Sieht man in der Abladezeit eine wesentliche, zugesicherte Eigenschaft der Ware, so fehlt diese Eigenschaft ebensogut bei einer Unterschreitung wie bei einer Überschreitung. Auch ist es nicht richtig, daß es im Falle zu früher Abladung dem Verkäufer noch möglich sei, den Vertrag noch ordnungsmäßig zu erfüllen, nicht aber bei zu später Abladung. Auch im letzteren Falle wird der Verkäufer dazu vielfach noch in der Lage sein, indem er im Markte Ware mit entsprechender Abladezeit kauft. Es dürfte daher kein Grund vorliegen, den Fall der Andienung zu früh abgeladener Ware anders zu beurteilen als den der Andienung zu spät abgeladener Ware. Übrigens kann sich der Verkäufer gegen die Folgen des § 36 Absatz 1 schützen, indem er nicht blindlings Dokumente mit zu frühem Datum andient, sondern vorher bei dem Käufer anfragt, ob dieser eventuell mit der Andienung einer früheren Abladung einverstanden ist, und sein Verhalten je nach der gegebenen Antwort einrichtet.

Zurückgreifend auf die Anm. 2 sind jetzt noch die Fälle der „prompten" Abladung zu behandeln. Wie in Anm. 2 erwähnt wurde, findet der § 36 Absatz 1 auf diese nicht mit voller Schärfe Anwendung, weil in ihnen die kalendermäßige Bestimmung der Abladezeit nicht so ausgeprägt ist. Auch für sie gilt allerdings der Grundsatz, daß bei Anm. 7.

Nichtinnehaltung der nach § 35 zu berechnenden Abladefrist der Käufer, ohne eine Nachfrist zu setzen, vom Vertrage zurücktreten und Schadensersatz wegen Nichterfüllung verlangen kann, aber es besteht die wesentliche Abweichung, daß in diesem Falle der Verkäufer durch höhere Gewalt gedeckt wird. Herrscht z. B. in dem Hafen, von dem abzuladen war, während der Abladezeit Streik, so daß eine Abladung nicht möglich war, so kann der Verkäufer auch noch nachträglich verladen, muß es dann allerdings so schnell wie möglich nach Beendigung des Streiks tun [1920. 28]. In diesem Falle kann mithin der Käufer, wenn ihm Dokumente mit einem späteren Datum angedient werden, nicht vom Vertrage zurücktreten und Schadensersatz fordern. Er muß vielmehr die Dokumente trotz des späteren Datums noch aufnehmen.

Da der Verkäufer innerhalb der Abladezeit die Wahl des Zeitpunkts hat, zu dem er abladen will [vgl. Anm. 1], schützt ihn höhere Gewalt auch dann, wenn diese erst während der Abladezeit eintritt. Tritt sie aber erst gegen das Ende ein, so wird er beweisen müssen, daß er das Seinige getan hatte, um die Abladung zu bewirken. Denn immer muß die höhere Gewalt ursächlich für die Nichtinnehaltung der Abladefrist sein, wenn der Verkäufer sich auf sie berufen will und er kann es nicht, wenn er auch sonst nicht abgeladen hätte. Lief z. B. die Abladefrist am 26. ab und bricht am 24. ein Streik aus, so wird man von dem Verkäufer den Beweis fordern, daß er gerade zwischen dem 24. und 26. verladen haben würde und durch den Streik daran verhindert ist. Kann er den Beweis nicht führen, weil er z. B. noch keine Ware in dem Hafen hatte, so darf er sich den Streik nicht zunutze machen, um sich den Folgen seiner Saumseligkeit zu entziehen.

Höhere Gewalt liegt nicht schon dann vor, wenn ein Dampfer, der gegen Ende der Abladezeit gehen sollte, und mit dem der Verkäufer rechnete, ausfällt oder sich verspätete, sofern innerhalb der Abladefrist überhaupt nur ein Dampfer ging. Auch liegt keine höhere Gewalt vor, wenn innerhalb der Abladefrist kein direkter Dampfer nach dem Bestimmungsort geht, sofern nur eine indirekte Verladung möglich war.

Anm. 8. Auf keinen Fall kann sich der Verkäufer bei verspäteter Abladung darauf berufen, daß der Dampfer, mit dem er nach Ablauf der Abladefrist verladen hat, schneller segle und deshalb früher am Bestimmungsort eintreffe als der letzte innerhalb der Abladefrist abgehende Dampfer [E 54 (1910)].

Wenn in den vorstehenden Anmerkungen von Abladung gesprochen ist, so ist dies nur der Kürze wegen geschehen. Tatsächlich kommen drei verschiedene Arten der Aufgabe zur Beförderung in Betracht: die Abladung oder Verladung, die Verschiffung und die Segelung. Anm. 9.

Der zwischen Abladung und Verladung einerseits und Verschiffung andererseits gemachte Unterschied, der manchen anderen Handelszweigen in dieser Schärfe unbekannt ist, hat seinen Ursprung in der Tatsache, daß durch die Novelle zum H.G.B. vom 10. 5. 1897, abweichend von dem früheren Rechtszustand, unter dem ein Konnossement nur nach erfolgter Übernahme des Gutes in das Schiff vom Kapitän ausgestellt werden durfte, zugelassen wurde, daß das Konnossement auch schon vorher von einem anderen Vertreter des Reeders (z. B. Agenten), dem das Gut zum Zwecke der Beförderung übergeben ist, ausgestellt werden darf. Diese für den Handel einschneidende Änderung war durch die Entwicklung der Linienschiffahrt bedungen, unter deren Einfluß das einzelne Schiff hinter der Linie als solcher an Bedeutung zurücktrat. Die Folge der neuen Regelung ist die, daß mit der Übergabe des Gutes an den Vertreter der Reederei und der in diesem Augenblick erfolgenden Ausstellung des Konnossements keineswegs gesagt ist, daß das Gut nun auch alsbald an Bord des Schiffes übergenommen wird und mit ihm die Reise antritt, um so weniger als sich die Reedereien in den Konnossementen vielfach das Recht vorbehalten, das Gut mit dem in dem Konnossement genannten oder einem anderen Schiff zu befördern. Es können daher unter Umständen noch Tage, ja Wochen vergehen, bis das Gut die Reise antritt, und dies geschieht vielleicht erst dann, wenn die zwischen dem Verkäufer und Käufer vereinbarte Abladezeit schon lange verstrichen ist. Hier entstand nun die Frage, ob in diesem Falle die Abladefrist durch die mit der Anlieferung des Gutes an den Agenten des Schiffes und die ihr entsprechende Datierung des Konnossements als gewahrt anzusehen ist oder nicht. Die W.V.B. haben diese Frage dahin gelöst, daß bei „Abladung" (und der gleichbedeutenden „Verladung") die Übergabe an den Agenten des Schiffes genügt, daß aber bei „Verschiffung" die Ware innerhalb der Frist tatsächlich an Bord des Schiffes übergenommen sein muß.

Entsprechend den beiden vorstehend geschilderten Fällen gibt es zwei Arten von Konnossementen. In dem einen wird bescheinigt, daß das Gut übergenommen ist, in dem anderen, daß es zur Verschiffung angenommen ist. Entsprechend den in englischen Konnossementen gebräuchlichen Eingangsworten „shipped" und „received for shipment" pflegt man die beiden Arten von Konnossementen kurz mit „shipped-Konnossementen" und „received-Konnossementen" zu bezeichnen.

Anm. 10. Bei „Abladung " oder „Verladung" muß die Ware innerhalb der Abladefrist dem Transportübernehmer oder Transportführer übergeben sein, von dem der Verladeschein ausgestellt wird, auf Grund dessen die Beförderung bis zum Bestimmungsorte erfolgt. Es genügt daher zur Wahrung der Abladefrist grundsätzlich ein received-Konnossement mit entsprechendem Datum, auch wenn die Ware erst nach Ablauf der Abladefrist an Bord genommen, ja wenn der Dampfer, auf den das Konnossement lautet, erst später in den Abladehafen gekommen ist [E 50 (1903)]. Im einzelnen ist hierbei folgendes zu beachten.

Anm. 11. Die Ware muß, wenn nicht dem Transportführer, dem Kapitän, so doch dem Transportübernehmer, der Reederei bzw. deren Vertretern, übergeben sein. Da sie übergeben sein muß, muß der Transportführer bzw. -übernehmer den Besitz der Ware erlangt haben. Es genügt also nicht, daß der Verlader nur den Frachtraum bucht, aber die Ware nicht anliefert. Es genügt ferner nicht, daß der Verlader den Schiffsagenten, der vielleicht gleichzeitig Spediteur ist, anweist, die Ware an dritter Stelle abzuholen, sofern der Agent dies nicht innerhalb der Frist tut.

Anm. 12. Die Übergabe an den Transportübernehmer muß zum Zwecke der Beförderung geschehen. Ist der Schiffsagent gleichzeitig Spediteur und hat der Verkäufer die Ware bei ihm eingelagert, so hat der erstere sie nicht zum Zwecke der Beförderung, sondern nur als Lagerhalter in Besitz. Es bedarf daher in diesem Falle noch einer Weisung des Verkäufers wegen der Beförderung. Diese muß innerhalb der Abladefrist gegeben werden, denn erst dann darf der Agent das Konnossement ausstellen. Eine Zurückdatierung des Konnossements ist unzulässig.

Anm. 13. Die Ware muß dem Transportübernehmer übergeben werden, der den Verladeschein ausstellt, auf Grund dessen die Beförderung bis zum Bestimmungsorte erfolgt.

Der Verladeschein muß für die ganze Dauer des Transportes vom Orte der Abladung bis zum Orte der Bestimmung gelten.

Anm. 14. Hieraus folgt nicht, daß die Beförderung während ihrer ganzen Dauer mit einem und demselben Beförderungsmittel erfolgen muß.

Vielmehr ist, falls dies nicht ausdrücklich durch Vereinbarung ausgeschlossen ist, eine indirekte Beförderung mit unterwegs stattfindender Umladung statthaft [1914/16. 14]. Die Reise muß aber auf e i n Konnossement, ein sog. Durch- oder Durchgangskonnossement erfolgen, oder aber der Verkäufer muß, wenn für die Reise von dem Zwischenhafen zum Bestimmungsplatz ein besonderes Konnossement ausgestellt ist, den Nachweis erbringen, daß die Ware bereits bei der Abladung vom ersten Abladeplatz für den Bestimmungshafen bestimmt war [1910. 15] und daß sie vom ersten Abladeplatz innerhalb der Abladefrist abgeladen ist [E 51 (1907)]. Es schadet auch nichts, wenn die Umladung in einem dem Bestimmungsorte entfernter als der Abladeort liegenden Hafen erfolgt [E 52 (1903). Man wird hier aber die Einschränkung machen müssen, daß die gewählte Reiseroute nicht ungewöhnlich von den üblichen Verkehrswegen abweicht und dadurch eine ungewöhnlich viel längere Reise bedingt].

Der Begriff der Abladung bedingt nicht ohne weiteres, daß die Übergabe des Gutes an den Transportübernehmer an einem Hafenplatz erfolgen muß. Sie kann vielmehr auch im Inlande erfolgen, sofern nur dort schon das Konnossement für die ganze Reise ausgestellt wird. Dies ist vor allem im nordamerikanischen Verkehr üblich, in dem die Eisenbahngesellschaft bereits ein Durchkonnossement vom inländischen Verladeplatz bis zum Bestimmungsort ausstellt [1912. 12]. Will der Käufer sich hiergegen schützen, weil er die Gewißheit haben will, daß die Ware wenigstens innerhalb der Abladezeit im Seehafen ist, so wird vielfach besonders ausbedungen „Verladung von einem Hafen der Ostküste". Dann kann allerdings der Verkäufer auch ein Durchgangskonnossement der Eisenbahn andienen, muß aber gleichzeitig daneben den Nachweis erbringen, daß die Ware innerhalb der Abladefrist in einem Seehafen der Reederei übergeben ist [E 51 (1908)]. Anm. 15.

Die Beförderung muß schließlich auf Grund des Konnossements bis zum Bestimmungsort erfolgen. Das Konnossement braucht dabei nicht eigentlich auf den Bestimmungsort selbst zu lauten. Es genügt, wenn es auf einen anderen Hafen mit Option für den Bestimmungsort lautet, sofern das Gut auf Grund der Option, wenn auch mit Umladung, nach dem Bestimmungsort gelangt [1921. 31]. Anm. 16.

Ist „Verschiffung" bedungen, so muß die Ware innerhalb der Frist tatsächlich an Bord des Schiffes übergenommen sein. Grundsätzlich Anm. 17.

muß daher in diesem Falle ein shipped-Konnossement angedient werden. Jedoch ist auch die Andienung eines received-Konnossementes nicht ausgeschlossen. Dann muß aber der Verkäufer gleichzeitig beweisen, daß die Ware noch innerhalb der Frist tatsächlich an Bord übergenommen ist, sei es durch einen entsprechenden, neben dem Datum des Konnossements auf dieses gesetzten Vermerk der Reederei oder durch eine besondere Bescheinigung der Reederei.

Anm. 18. Ist „Segelung" bedungen, so muß die Ware innerhalb der Frist nicht nur an Bord übergenommen sein, sondern das Schiff muß auch vor Ablauf der Frist den Hafen verlassen und die Reise angetreten haben. Dies läßt sich natürlich nicht durch das Datum des Konnossements beweisen, da ja selbst das shipped-Konnossement schon mit der Übernahme der Ware an Bord ausgestellt wird. Infolgedessen muß in diesem, in der Praxis sehr selten vorkommenden Falle der Verkäufer auf Anfordern des Käufers bei der Andienung neben der Übergabe des Konnossements auch den Tag des Abgangs des Schiffes beweisen. Das kann durch Beibringung der Segelliste oder durch eine Bescheinigung der Reederei geschehen.

Anhang zu § 36.

Der § 36 behandelt lediglich die Zeit der Abladung. Es sind im folgenden noch einige andere die Abladung betreffende Fragen zu erörtern.

Anm. 1. Während in den Begriffen „Verschiffung" und „Segelung" die selbstverständliche Voraussetzung liegt, daß die Beförderung in einem Schiff, und zwar regelmäßig in einem Seeschiff, erfolgt, ist dies bei dem Begriff „Abladung" nicht ohne weiteres der Fall. Es ist ja für diesen Fall bereits in Anm. 14 zu § 36 erwähnt, daß eine Abladung auch schon vom Inlande mit Umladung im Hafen erfolgen kann. Sie kann aber auch in umgekehrter Reihenfolge, also Abladung in ein Schiff mit Umladung in die Bahn erfolgen oder aber der ganze Transport kann mit der Bahn geschehen. Ob dies im Einzelfalle als zulässig anzusehen ist, hängt davon ab, ob die gewählte Verladungsweise handelsüblich ist. Bei einer Abladung von Spanien wird man z. B. eine Beförderung mit der Eisenbahn nicht als handelsüblich ansehen. Übrigens wird schon mit Rücksicht auf den Frachtunterschied so leicht niemand auf den Gedanken der Bahnverladung kommen. Bei jugoslawischen Pflaumen ist es dagegen sowohl handelsüblich, sie direkt mit der Bahn als auch sie auf der Donau zu Schiff bis Passau und von da an mit der Bahn zu befördern [1921. 29].

Von wo die Abladung zu erfolgen hat, richtet sich nach dem Vertrage. Daraus, daß Ware einer bestimmten Herkunft verkauft ist, folgt aber noch keineswegs als selbstverständlich, daß die Abladung nun auch von dem Herkunftsplatz oder -land selbst zu erfolgen hat. Denn es kommt wesentlich nur darauf an, daß die Ware die vorgeschriebene Herkunft hat, nicht aber darauf, daß die Abladung vom Erzeugungsplatz selbst erfolgt. So können z. B. Mallorca-Mandeln von Valencia verladen werden und ein Valencia-Konnossement berechtigt den Käufer nicht zur Zurückweisung [E 56 (1903)]. Andererseits berechtigt die Tatsache, daß Verladung von einem bestimmten Platz vorgeschrieben ist, den Verkäufer nicht eine andere als die vereinbarte Ware abzuladen, weil Ware der vereinbarten Herkunft dort nicht beschafft werden kann oder nach den Gesetzen des Landes nicht verladen werden darf [E 41 (1910)]. Anm. 2.

Ist Abladung von einem bestimmten Lande oder vom Ursprungslande bedungen, so kann von jedem Hafenplatz dieses Landes abgeladen werden. Das ist wichtig, weil deshalb der Verkäufer im Falle „prompter" Abladung sich nicht darauf berufen kann, wenn an dem Platz, den er für die Abladung in Aussicht genommen hatte, die Abladung wegen höherer Gewalt unmöglich wird. Er muß dann von einem anderen Hafen des Landes abladen [1920. 28].

Ist dagegen Abladung von einem bestimmten Hafen vereinbart, so darf der Verkäufer nur von diesem verladen. Eine Abladung von einem anderen Hafenplatz desselben Landes ist unzulässig.

§ 37.

(1) Bei Verkäufen von schwimmenden oder abzuladenden Waren ist der Verkäufer verpflichtet, dem Käufer den Namen des Schiffes, mit dem die Ware verladen ist oder werden soll, sowie das Datum des Konnossements und die Marke der Ware beim Geschäftsabschlusse aufzugeben, oder, falls ihm diese Angaben zur Zeit nicht bekannt sind, dieselben nachzuliefern, sobald sie zu seiner Kenntnis gelangen, wie überhaupt alle in bezug auf die Erfüllung des Vertrages eintreffenden Mitteilungen sofort dem Käufer schriftlich bekanntzugeben. Unwe-

sentliche Abweichungen im Namen des Schiffes und in den Marken und Nummern (ausgenommen Qualitätsmarken) präjudizieren nicht.

(2) Die vorbenannten Aufgaben müssen erfolgt sein vom letzten Tage der vertraglichen Erfüllungsfrist an gerechnet

1. innerhalb 45 Tagen für Verladungen von der Westküste oder vom Inneren Nordamerikas, Asien und Afrika (jedoch ausgenommen die Häfen des Mittelländischen Meeres und Marokkos, sowie die Canarischen Inseln),

2. innerhalb 30 Tagen für Verladungen von den östlichen Seehäfen Nordamerikas, der europäischen und asiatischen Türkei, von den Häfen des Schwarzen Meeres, Candia, Griechenland, Nordafrika, Marokko und den Canarischen Inseln,

3. innerhalb 20 Tagen für Verladungen von Italien, Spanien, Portugal, Frankreich und sonstigen europäischen Häfen.

(3) Andernfalls ist der Käufer berechtigt, nachdem eine gestellte Nachfrist von 3 Werktagen verstrichen ist, entweder vom Vertrage zurückzutreten oder Schadensersatz zu fordern. (§ 38 Absatz 3.)

Platzusanzen: Absatz 1: § 16 wörtlich übereinstimmend.
Absätze 2 und 3: —

Geschichtliches: Die Usanzen von 1886 enthielten folgende Bestimmung:
„Bei Lieferungsgeschäften ist der Verkäufer verpflichtet, dem Käufer den „Namen des Schiffes, das Konnossementsdatum, sowie die Marke der Ware auf„zugeben, sobald diese Daten zu seiner Kenntnis gelangt sind."

Die ursprüngliche Fassung der W.B.B. stimmte mit der jetzigen des Absatz 1 wörtlich überein. Es wurde in der Folgezeit wiederholt darüber geklagt, daß die Bestimmung wenig scharf gefaßt sei und sozusagen auf dem Papier stehe, weil an die Nichtbeobachtung keine Folgen geknüpft seien. 1911 wurde deshalb beantragt, bestimmte Fristen für die Aufgabe des Dampfernamens usw. festzusetzen, damit der Käufer die Möglichkeit erhalte, sich gegebenenfalls in tatsächlicher Ware rechtzeitig einzudecken [1911. 6]. Es wurde demgemäß ein dem heutigen Wortlaut der Absätze 2 und 3 entsprechender Zusatz beschlossen, der sich von der heutigen Fassung nur dadurch unterschied, daß die Fristen im allgemeinen um 5 Tage kürzer waren als heute.

Bei der Neubearbeitung der W.B.B. im Jahre 1920 wurde dieser Zusatz wieder gestrichen, weil in Anbetracht der damals noch sehr unregelmäßigen Schiffsverbindungen angemessene Fristen für die Aufgaben nicht zu bestimmen seien. Da aber in den folgenden Jahren die schon früher geäußerten Klagen wieder laut wurden, wurden 1925 die 1920 gestrichenen Absätze 2 und 3 mit geringen Änderungen bezüglich der Fristen wieder aufgenommen.

§ 37.

Da auf Abladung regelmäßig nicht bestimmt nach Marke und Nummer individualisierte Partien gehandelt werden, hat der Verkäufer schlechthin eine bestimmte Menge der betreffenden Warengattung der des näheren vereinbarten Beschaffenheit abzuladen. Diese sog. Gattungsschuld konzentriert sich dann auf eine individuell bestimmte Partie, wenn der Verkäufer dem Käufer erklärt, daß er auf den Abschluß so-undso viel Kisten, Säcke o. dgl. mit bestimmten Marken und Nummern an dem und dem Tage mit dem Dampfer X abgeladen habe. Diese Erklärung ist deshalb wichtig, weil sich damit die Haftung des Verkäufers auf die von ihm aufgegebene Partie beschränkt. Geht der Dampfer, mit dem die Ware, mit der der Verkäufer seinen Vertrag zu erfüllen gedachte, verladen ist, unter und geht damit die Partie verloren, so bleibt, wenn der Verkäufer dem Käufer die Partie noch nicht aufgegeben hat, seine Verpflichtung zur Lieferung bestehen. Hat er aber dem Käufer die Partie aufgegeben, so beschränkt sich seine Haftung in demselben Augenblick auf diese eine Partie; er braucht daher, wenn der Dampfer auf der Reise untergeht, keine andere anzudienen. Anm. 1.

Infolgedessen liegt die Aufgabe der Partie, die er zur Erfüllung des Kontraktes andienen will, im eigensten Interesse des Verkäufers. Mit ihr streitet allerdings möglicherweise ein anderes Interesse des Verkäufers, der vielleicht mehrere Kontrakte getätigt hat oder abwarten will, ob weitere Partien, die er erwartet, noch in demselben Monat verladen werden können, um seine Bewegungsfreiheit möglichst lange zu behalten und nicht vorzeitig durch Festlegung der einzelnen Partie auf einen bestimmten Kontrakt, an die er dann gebunden bleibt, aufzugeben.

Andererseits hat aber auch der Käufer ein Interesse daran, möglichst frühzeitig zu erfahren, welche Partie er bekommt, vor allem wann und mit welchem Dampfer sie abgeladen ist, damit er weiß, wann er voraussichtlich mit ihrem Eintreffen rechnen, und damit er entsprechend verfügen kann. Deshalb schreibt der § 37 vor, daß der Verkäufer dem Käufer möglichst bald die Einzelheiten der konkreten Abladung mitteilen soll.

Diese Mitteilung soll sich auf den Namen des Schiffes, mit dem die Ware verladen ist oder werden soll, auf das Datum des Konnossements [wichtig für die Beurteilung der Innehaltung der Abladezeit!] und auf die Marke der Ware erstrecken. Anm. 2.

Die Aufgabe soll grundsätzlich schon beim Abschluß des Geschäftes erfolgen. Das ist praktisch nur selten möglich, nicht einmal immer bei schwimmenden d. h. schon abgeladenen (vgl. Anm. 11) Waren, da der Verkäufer auch dann noch nicht immer weiß, mit welchem Dampfer die Abladung erfolgt ist. Bei erst abzuladenden Waren wird die Aufgabe beim Geschäftsabschluß so gut wie nie möglich sein.

Anm. 3. Deshalb soll der Verkäufer in solchen Fällen die Aufgabe nachholen, sobald er seinerseits Kenntnis davon bekommt, wie er überhaupt alle in bezug auf die Erfüllung des Vertrages eintreffenden Mitteilungen sofort seinem Käufer weitergeben soll.

Anm. 4. Nach dem Wortlaut des Absatz 1 hat der Verkäufer nur die ihm zugehenden Mitteilungen weiterzugeben. Hieraus wurde in der Zeit, in der die Absätze 2 und 3 fortgefallen waren, gefolgert, daß er nicht verpflichtet sei, seinerseits Erkundigungen einzuziehen, wenn er keine solchen Mitteilungen erhält [1924. 25]. Nach der Wiederaufnahme der Absätze 2 und 3 besteht eine solche Erkundigungspflicht des Verkäufers insofern, als der Käufer ihm, falls er nicht in der Lage ist, die Angaben innerhalb der Frist zu machen, eine Nachfrist setzen und zurücktreten oder Schadensersatz fordern kann.

Anm. 5. Meist werden die Mitteilungen über die Abladung dem Verkäufer oder dessen erstem Vordermann telegraphisch zugehen. Es kommt dabei leicht vor, daß bei der Übermittlung Verstümmelungen des Textes vorkommen. Solche können unter Umständen bedeutungsvoll werden. Denn durch die Aufgabe der Einzelheiten der Abladung tritt, wie in Anm. 1 ausgeführt wurde, eine Konkretisierung der bis dahin gattungsmäßigen Schuld auf die aufgegebene Partie ein. Das hat zur Folge, daß nun der Verkäufer die von ihm aufgegebene Partie und keine andere liefern muß. Hat er nun infolge unrichtiger Übermittlung eine unrichtige Angabe gemacht, so ist er nachher natürlich nicht in der Lage, die bezeichnete Partie zu liefern und ist unter Umständen Schadensersatzansprüchen ausgesetzt oder läuft doch wenigstens Gefahr, daß ihm die Ware aufgeschossen wird. Gegen diese Gefahr wird der Verkäufer bis zu einem gewissen Grade durch den Satz 2 geschützt. Darüber hinaus sucht er sich vielfach durch Vorbehalte zu schützen (vgl. Anm. 9 und 13). Solche Versehen können vorkommen in bezug auf die Marken und Nummern der Partie, auf den Namen des Schiffes, mit dem die Abladung erfolgt ist und auf das Datum des Konnossements.

Anm. 6. In Bezug auf die M a r k e n der Partie ist bestimmt, daß unwesentliche Abweichungen nicht präjudizieren. Eine solche unwesentliche Abweichung liegt z. B. vor, wenn die Aufgabe S I. 1/25 lautet, während die Marke in Wirklichkeit S T 1/25 gemarkt ist [E 59 (1910)]. Dagegen bedeutet die Marke „gereinigte extrissima Sultanas Kesme" gegenüber derjenigen „ger. extra Carabournu Sultanas" eine wesentliche Abweichung [1908. 12]. In Bezug auf Qualitätsmarken gilt jede Abweichung als präjudizierend.

In Bezug auf den Namen des Schiffes präjudizieren ebenfalls unwesentliche Abweichungen nicht. Gedacht ist hierbei im wesentlichen an Verstümmelungen durch den Telegraphen, so z. B. bei „Geta" gegenüber „Gaeta". Anders liegt die Sache schon bei Verwechselungen, so z. B. bei „Bulgaria" statt „Belgravia" oder „Suevia" statt „Saxonia". Hier wird man kaum mehr von einer unwesentlichen Abweichung sprechen können, sicher nicht, wenn etwa Schiffe beiden Namens in demselben Verkehr beschäftigt sind. Denn der Käufer berechnet meist nach Aufgabe des Dampfernamens nach den Segellisten, wann der Dampfer voraussichtlich im Bestimmungshafen eintreffen wird, um danach über die Ware zu disponieren, und kann, wenn ihm ein falscher Dampfername aufgegeben ist, in eine unangenehme Lage kommen. Anm. 7.

Es ist dabei aber zu beachten, daß es nur darauf ankommt, auf welches Schiff das Konnossement lautet, nicht aber darauf, ob die Ware auch mit diesem Schiff befördert wird. Denn bei received-Konnossementen behält sich die Reederei vielfach das Recht vor, die Ware statt mit dem darin angegebenen auch mit einem anderen Schiff ihrer Linie zu befördern [vgl. Anm. 9 zu § 36].

Was endlich das Datum des Konnossementes anlangt, so enthält der § 37 keine Bestimmung für den Fall einer Abweichung. Man wird hier eine solche für unwesentlich und deshalb für unschädlich zu halten haben, vorausgesetzt natürlich, daß auch das wirkliche Datum in die Abladezeit fällt. Indessen hat der Verkäufer auch in dieser Beziehung dem Käufer für die falsche Angabe einzustehen, wenn dieser daraufhin entsprechende Dispositionen getroffen hat. Ist z. B. Oktober/November-Abladung verkauft, hat der Verkäufer dem Käufer als Datum des Konnossementes den 26. Oktober aufgegeben, und hat der Käufer daraufhin die Ware mit Oktober-Abladung weiterverkauft, so ist der Verkäufer dem Käufer schadensersatzpflichtig, wenn das Konnossement tatsächlich erst vom 6. November datiert und der Anm. 8.

Käufer des Käufers daraufhin die Andienung als unvertragsmäßig zurückweist [1922. 31].

Anm. 9. Gegen die Gefahren, die nach dem Vorstehenden in einer möglichen Abweichung der Angaben von der Wirklichkeit liegen können, sucht sich der Verkäufer meist dadurch zu schützen, daß er die Angaben mit dem Zusatz „unter üblichem Vorbehalt" [meist u. ü. V. abgekürzt] versieht. Hierdurch wird in der Tat ein weitgehender Schutz erreicht und die drohende Präjudizierung durch eine unrichtige Aufgabe vermieden. Aber die Wirkung der Klausel geht nicht, wie das gelegentlich behauptet ist, so weit, daß nun die Aufgabe überhaupt jede Bedeutung verliert und der Verkäufer nachträglich nach seinem Belieben eine ganz andere als die aufgegebene Partie andienen kann. Vielmehr wird der Verkäufer, der sich auf die Klausel beruft, erforderlichenfalls beweisen müssen, daß ein Zusammenhang zwischen der aufgegebenen und der angedienten Partie besteht, daß z. B. die Partie nicht mit dem ursprünglich aufgegebenen Dampfer X, sondern erst mit dem Dampfer Y verladen ist und daß er bzw. sein Vordermann seinerseits von drüben die ursprüngliche Aufgabe und später eine entsprechende Berichtigung bekommen hat.

Anm. 10. Was geschieht nun, wenn der Verkäufer es unterläßt, die ihm im Absatz 1 auferlegten Aufgaben zu machen? Während der im Absatz 2 bestimmten Fristen kann der Käufer nichts gegen ihn unternehmen (vgl. Anm. 4), selbst wenn der Verkäufer selbst die Aufgaben erhalten hat und es unterläßt, sie alsbald weiterzugeben. Erst nach dem Ablauf der Frist kann der Käufer nach Absatz 3 eine mindestens dreitägige Nachfrist setzen und dann vom Vertrage zurücktreten oder Schadensersatz fordern. Eine vor dem Ablauf der Frist gesetzte Nachfrist ist wirkungslos [1911. 12]. Aus welchem Grunde der Verkäufer es unterläßt, die Angaben innerhalb der Frist zu machen, ist gleichgültig. Für die Rechte des Käufers ist es belanglos, ob den Verkäufer ein Verschulden trifft oder nicht.

Anm. 11. Der § 37 erwähnt besonders auch Verkäufe schwimmender Waren. Es seien deshalb einige, wenn auch mit der Bestimmung des § 37 nur in losem Zusammenhange stehende Fragen erörtert. Was der Ausdruck „schwimmend" bedeutet, ist nicht gesagt. Man könnte daran denken, daß darunter zu verstehen sei, daß die Ware bereits auf der Reise sein muß, so daß eine „Segelung" im Sinne des § 36 Absatz 4 vorliegt. Die Verkehrsauffassung geht jedoch nicht soweit. Ja, es ist sogar von einigen Seiten die Auffassung vertreten, daß gewöhnliche „Abladung“ im Sinne des § 36 Absatz 2 genüge, um der Ware die Eigenschaft einer „schwimmenden“ zu verleihen. Dem kann aber nicht beigepflichtet werden. Denn die „Abladung“ kann, wie in Anm. 15 zu § 36 ausgeführt wurde, auch im Inlande mit der Bahn erfolgen, und man kann in diesem Falle unmöglich schon von einem „Schwimmen“ der Ware sprechen. Es wird deshalb zum mindesten verlangt werden müssen, daß die Ware, wenn sie „schwimmen“ soll, schon an Bord übergenommen ist [vgl. 1912. 20], so daß der Begriff „schwimmend“ sich mit dem der bewirkten „Verschiffung“ im Sinne des § 36 Absatz 3 deckt [vgl. Anm. 17 zu § 36].

Stellt sich heraus, daß eine als schwimmend verkaufte Ware zur Zeit des Geschäftsabschlusses noch nicht schwamm, so kann der Käufer vom Vertrage zurücktreten und Schadensersatz beanspruchen, und zwar auch dann, wenn er selbst infolge vorsichtigerer Formulierung seinem Käufer keinen Schadensersatz zu leisten braucht [E 52 (1905)]. Anm. 12.

Beim Verkauf schwimmender Ware wird vielfach schon in die Schlußnote der Dampfername aufgenommen. Dann muß auch Ware aus diesem Dampfer geliefert werden. Der Käufer braucht aus einem anderen Dampfer nicht zu empfangen, auch wenn sich die Reederei dem Verkäufer gegenüber vorbehalten hat, mit einem anderen Dampfer zu verladen [1912. 20]. Deshalb wird einer Angabe des Dampfers meist schon in der Schlußnote der „übliche Vorbehalt“ [vgl. Anm. 9] hinzugefügt. Die Wirkung dieses Vorbehaltes hat zu manchen Meinungsverschiedenheiten geführt, so daß im Jahre 1925 ein Antrag gestellt wurde, die Bedeutung der Klausel „unter üblichem Vorbehalt“ bei schwimmenden Partien durch eine in die W.V.B. aufzunehmende Bestimmung zu erläutern. Bei der Erörterung des Antrages wichen die Meinungen stark voneinander ab. Eine Beschlußfassung erfolgte nicht, sondern die Frage wurde dem Verwaltungsrat zur Prüfung überwiesen [M.V. 29. 12. 1924]. Dieser empfahl darauf, die Klausel ganz zu vermeiden und die etwa vom Verkäufer zu machenden Vorbehalte in der Schlußnote im einzelnen genau zu umschreiben. Man ist also einer klaren Stellungnahme ausgewichen. Bei der Beurteilung der Wirkung der Klausel wird man von dem in Anm. 9 und 11 Gesagten auszugehen haben. Danach kann der Vorbehalt sich nur auf Unrichtigkeiten in bezug auf den Dampfernamen erstrecken. Er deckt also den Verkäufer, wenn die Ware nicht, wie aufgegeben, mit dem Anm. 13.

Dampfer „X", sondern mit dem Dampfer „Y" schwimmt, sei es weil sie von vornherein in letzteren Dampfer verladen, sei es, daß sie unterwegs umgeladen ist. Auf jeden Fall muß aber auch hier ein Zusammenhang zwischen der ursprünglichen Aufgabe und der tatsächlichen Verschiffung bestehen, und der Verkäufer kann nicht einfach von sich aus nachträglich einen anderen Dampfer unterschieben, weil ihm das besser paßt [vgl. Anm. 9]. Im übrigen befreit die Klausel den Verkäufer nicht, wenn die Ware zur Zeit des Geschäftsabschlusses überhaupt noch nicht schwamm. Denn gerade die Tatsache des Schwimmens der Ware ist ein besonders wesentlicher Umstand des Geschäftes, weil der Käufer daraus den Zeitpunkt des voraussichtlichen Eintreffens der Ware berechnen kann und deshalb nicht selten für eine schwimmende Ware ein höherer Preis bezahlt wird, als für eine erst abzuladende. Es geht deshalb nicht an, daß der Verkäufer, wie das gelegentlich versucht ist, unter Berufung auf die Klausel geltend macht, die Ware habe den aufgegebenen Dampfer nicht erreicht und komme erst mit einem anderen, unter Umständen erst einige Wochen später abgehenden Dampfer.

Anm. 14. Manchmal wird beim Verkauf einer schwimmenden Ware ein Zusatz über den voraussichtlichen Zeitpunkt des Eintreffens gemacht, so z. B. „in einigen Tagen hier zu erwarten" oder „etwa Ende nächster Woche hier zu erwarten". Durch eine solche Erklärung übernimmt der Verkäufer zwar keine unbedingte Haftung dafür, daß die Ware tatsächlich um die angegebene Zeit ankommt. Denn für die Zufälligkeiten der Reise hat er nicht aufzukommen. Wohl aber haftet er dann, wenn nach den Umständen des Falles ein Eintreffen um die angegebene Zeit mit Rücksicht auf die Abgangszeit und die Geschwindigkeit des Schiffes gar nicht erwartet werden konnte. Die Beweislast dafür, daß das Schiff nach menschlichem Ermessen zur angegebenen Zeit eintreffen würde, liegt im Streitfalle dem Verkäufer ob [E 53 (1907)]. Dagegen haftet der Verkäufer nicht für eine Verzögerung, die eintritt, wenn die Ware z. B. statt direkt nach Hamburg zu kommen, in einem englischen Hafen umgeladen wird und dadurch eine gewisse Verzögerung eintritt [E 54 (1910)].

Anm. 15. Der § 37 findet auch auf solche Geschäfte sinngemäß Anwendung, die auf Abladung, „prompt nach Ankunft ab Kai zu empfangen", getätigt sind [1913. 15].

Anm. 16. Vielfach zutage tretender irriger Auffassung gegenüber ist besonders hervorzuheben, daß die Aufgabe des Dampfernamens usw. noch keine Andienung auf den Vertrag darstellt. Die Aufgabe des Dampfernamens hat nur insoweit Bedeutung, als dadurch eine Konzentrierung der bis dahin bestehenden gattungsmäßigen Schuld auf eine individuell bestimmte Partie eintritt. Die Andienung dieser Partie erfolgt aber erst durch Vorlage der Dokumente oder Anbieten der Ware. Hieraus folgt, daß ein Rücktritt des Käufers nach § 36 Absatz 1 noch nicht ohne weiteres möglich ist, wenn der Verkäufer ein Konnossementsdatum aufgibt, das außerhalb der Abladezeit liegt. Der Verkäufer ist vielmehr dann berechtigt, statt der unvertragsmäßigen eine vertragsmäßige Partie aufzugeben.

Der § 37 ist seinem Wortlaut nach nur auf Verladungen zur See zugeschnitten. Er ist auf Abladungen mit der Bahn nicht anwendbar. Anm. 17.

Was in den Anm. 12 und 14 über schwimmende Ware ausgeführt ist, gilt aber analog auch für als „rollend" verkaufte Ware. „Rollend" ist eine Ware nur, wenn sie mit der Bahn verladen ist. Eine per Schiff (auch per Flußschiff) verladene Ware „rollt" nicht [1919. 38]. Ist eine Ware ohne Zusatz als „rollend" verkauft, so ist anzunehmen, daß sie von einer deutschen Station abgeladen ist [1919. 38]. Ist eine Ware als „rollend und bald zu erwarten" verkauft, so haftet der Verkäufer für die Richtigkeit dieser Angaben. Er kann sich nicht darauf berufen, daß er erst noch ältere Kontrakte erfüllen müsse [1914/16. 17].

§ 38.

(1) Falls eine Partei mit der Erfüllung des Vertrages im Verzuge bleibt, hat die andere Partei, nachdem eine gestellte angemessene Frist erfolglos geblieben ist, Anspruch auf Schadensersatz.

(2) Falls der Käufer mit der Abnahme im Verzuge ist, kann der Verkäufer den Schadensanspruch nach vorgängiger Anzeige durch Verkauf in öffentlicher Auktion oder durch Sachverständige feststellen.

(3) Falls der Verkäufer mit der Lieferung im Verzuge ist, kann der Schadensanspruch auch durch Deckungskauf oder durch Feststellung des Marktwertes durch Sachverständige des Waren-Vereins begründet werden. In letzterem Falle sind die Courtage und gesparte Kosten von dem Schadensanspruch zu kürzen.

Platzusanzen: —

§ 38.

Geschichtliches: Diese Bestimmung fehlte ursprünglich. Sie ist erst im Jahre 1908 neu aufgenommen und seither unverändert geblieben.

Anm. 1. Der § 38 regelt den Anspruch des einen, nicht säumigen Teiles auf Schadensersatz gegen den anderen, mit seiner Leistung säumigen Teil. Damit ist aber nicht gesagt, daß nun die nicht säumige Partei nicht auch andere Rechte gegenüber der anderen Partei hat. Es sind deshalb die Folgen der Säumigkeit im ganzen zu erörtern.

Anm. 2. Voraussetzung für jeden Anspruch wegen Säumigkeit ist der Verzug. Verzug tritt grundsätzlich nicht schon mit der Fälligkeit der Leistung von selbst ein, sondern erst durch eine Mahnung der Gegenseite. Nur wenn für die Leistung ein kalendermäßig bestimmter Zeitpunkt vereinbart ist [z. B. Lieferung bis zum 18. Juni], tritt der Verzug von selbst ein, ohne daß es einer Mahnung bedarf.

Anm. 3. Der Verzug gewährt nur dem Gläubiger, nicht auch dem Schuldner Rechte. Der Schuldner kann daher nach Eintritt des Verzuges von seiner Seite nicht etwa die Lieferung verweigern. Vielmehr ist es dem Gläubiger überlassen, ob er auf Lieferung bestehen oder eines der ihm sonst gegebenen Rechte zur Anwendung bringen will. Besteht er auf Leistung, so kann er neben dieser Ersatz des Schadens verlangen, der ihm durch die Verspätung der Leistung seit Eintritt des Verzuges entsteht. Hat er z. B. zu 100 gekauft und kann er beweisen, daß er nach Eintritt des Verzuges die Ware zu 110, tatsächlich, nicht nur theoretisch hätte verkaufen können, während dies nach der Lieferung der Ware nur noch zu 105 möglich war, so kann er Schadensersatz in Höhe von 110—105 = 5 verlangen. Um einen solchen Anspruch zu stellen, bedarf es des Setzens einer Nachfrist nicht. Dagegen muß der Käufer sich beim Empfang seine diesbezüglichen Ansprüche vorbehalten, da in einem vorbehaltlosen Empfang ein Verzicht zu erblicken wäre. Ist der Käufer mit der Zahlung in Verzug, so hat er dem Verkäufer Verzugszinsen in der von diesem tatsächlich gezahlten oder üblichen Höhe zu entrichten.

Anm. 4. Will dagegen der eine Teil infolge des Verzuges des anderen Teiles auf die Erfüllung des Vertrages verzichten, so hat er die Wahl zwischen dem Rücktritt, d. h. der Aufhebung des Vertrages ohne sonstige Folgen, und dem Anspruch auf Schadensersatz wegen Nichterfüllung. In beiden Fällen bedarf es der Stellung einer Nachfrist. Der Gläubiger kann auch, wenn er anfänglich noch auf Lieferung bestanden hat, später noch zu einem der beiden vorgenannten Rechte übergehen und jederzeit eine Nachfrist setzen. Hat der Käufer unvertragsmäßige Dokumente zunächst unter Vorbehalt seiner Rechte für den Fall aufgenommen, daß auch sein Käufer aufnehmen werde und tut letzterer dies nicht, so muß der Käufer die Dokumente zurückgeben und eventuell eine Nachfrist zur Andienung vertragsmäßiger Dokumente setzen. Er kann sie nicht ohne weiteres versteigern lassen [E 36 (1910)].

Die Nachfrist darf erst nach Eintritt der Fälligkeit der Leistung der Gegenseite gestellt werden, da vorher ein Verzug nicht vorliegen kann. Sie kann aber mit der Mahnung verbunden werden. Anm. 5.

Die Nachfrist muß angemessen sein. Was angemessen ist, ist nach Lage des einzelnen Falles zu beurteilen. Ist die gestellte Nachfrist unangemessen kurz, so wird sie dadurch nicht ganz wirkungslos. Vielmehr beginnt die Frist zu laufen, endet aber nicht mit dem angegebenen Zeitpunkt, sondern nach einer Dauer, die angemessen ist. Anm. 6.

Des Setzens einer Nachfrist bedarf es trotz der Bestimmung des § 38 Absatz 1 nicht, wenn für die Bewirkung der Leistung ein kalendermäßig bestimmter Zeitpunkt von vornherein festgesetzt war, oder wenn der Schuldner bündig erklärt, zur Leistung nicht in der Lage zu sein. Anm. 7.

Nach erfolglosem Ablauf der Nachfrist hat der nichtsäumige Teil das Recht, vom Vertrage zurückzutreten oder Schadensersatz wegen Nichterfüllung zu verlangen. Welches der beiden Rechte er wählen will, steht ausschließlich bei ihm. Es ist auch im Gegensatz zum § 326 B.G.B., nach dem schon beim Setzen der Nachfrist ausdrücklich angedroht werden muß, daß der nichtsäumige Teil die Annahme der Gegenleistung ablehnen und Schadensersatz wegen Nichterfüllung verlangen werde, nach den W.V.B. nicht nötig, dieses so im einzelnen vorher anzuzeigen. Es gilt als unter Kaufleuten selbstverständlich, daß im Falle der Vertragsverletzung Schadensersatz verlangt wird. Es genügt deshalb zur Wahrung der Schadensersatzansprüche, wenn bei der Nachfristsetzung angezeigt wird, daß für den Fall des fruchtlosen Ablaufs alle Rechte vorbehalten bleiben [1922. 29]. Anm. 8.

Was nun den Schaden selbst anlangt, so kann seine Berechnung nach Wahl des Gläubigers konkret oder abstrakt erfolgen. In dem einen Falle hat der Gläubiger zu belegen, welcher Schaden ihm tatsächlich infolge der Nichterfüllung des Geschäftes entstanden ist. Hat der Gläubiger z. B. von dem Schuldner zu 100 gekauft und zu 110 Anm. 9.

verkauft, so entsteht ihm zunächst einmal ein Schaden von entgangenem Gewinn von 10, eventuell aber noch ein weiterer Schaden dadurch, daß er seinem Käufer noch Schadensersatz leisten muß, weil er diesem infolge der Nichtlieferung durch seinen Schuldner auch nicht liefern kann. Im Gegensatz hierzu wird bei der abstrakten Schadensberechnung lediglich der Vertragspreis mit dem zu dem für die Schadensberechnung maßgebenden Zeitpunkt geltenden Marktpreis verglichen, und ein sich hiernach zuungunsten des Gläubigers ergebender Unterschied ist als Schaden vom Schuldner zu vergüten. Es kommt dabei nicht darauf an, ob der Gläubiger tatsächlich einen konkreten Schaden in solcher Höhe erlitten hat. Hat z. B. der Gläubiger von dem Schuldner zu 100 gekauft und zu 110 weiterverkauft und ist der Marktpreis zu dem fraglichen Zeitpunkt 130, so kann der Gläubiger bei abstrakter Berechnung einen Schaden von 30 geltend machen, auch wenn er seinerseits seinem Käufer gegenüber gar nicht zum Schadensersatz verpflichtet ist [E 52 (1905)]. Ob der Gläubiger seinen Schaden konkret oder abstrakt berechnen will, ist, wie gesagt, seinem Belieben überlassen. Der Schuldner kann ihm in dieser Beziehung keine Vorschriften machen.

Anm. 10. Sei es, daß der Gläubiger zur konkreten Feststellung seines Schadens die entsprechende Gegenoperation vornimmt, d. h. gegenüber dem mit dem Empfang und der Zahlung säumigen Käufer einen Zwangsverkauf bzw. gegenüber dem mit der Lieferung säumigen Verkäufer einen Deckungskauf, sei es, daß er zur abstrakten Berechnung den Marktpreis feststellen läßt, muß dieses unverzüglich nach Ablauf der Nachfrist geschehen. Der Gläubiger muß also einen Zwangsverkauf unverzüglich in die Wege leiten (daß die Vorbereitung einer Auktion eine gewisse Zeit beansprucht, eine solche also nicht sofort stattfinden kann, schadet nicht; sie muß nur alsbald eingeleitet und ohne schuldhafte Verzögerung durchgeführt werden!), einen Deckungskauf an der nächsten Börse tätigen bzw. den Marktpreis für den dem Ablauf der Frist folgenden Werktag feststellen lassen. Verzögert der Gläubiger den Zwangsverkauf oder Deckungskauf und tritt während der Zwischentage eine Verschiebung der Marktlage zuungunsten des Schuldners ein, so braucht sich der Schuldner diese nicht gefallen zu lassen. Der Gläubiger darf nicht auf dem Rücken des säumigen Schuldners spekulieren.

Anm. 11. Mit dem Ablauf der Nachfrist endet das Recht des Schuldners, noch nachträglich die Leistung zu bewirken, ebenso wie durch das Setzen der Nachfrist aber auch das Recht des Gläubigers erlischt, noch die Leistung zu fordern. Nimmt der Gläubiger gleichwohl noch die Leistung des Schuldners an, so erlöschen damit seine sonstigen Ansprüche [1920. 22].

Nach diesen allgemeinen Bemerkungen sind nunmehr, entsprechend den Absätzen 2 und 3 die Fälle zu erörtern, daß der Käufer und daß der Verkäufer in Verzug gerät. Anm. 12.

Der Absatz 2 behandelt den Verzug des Käufers. Seine Fassung ist insofern verleitlich, als er von einem Verzuge „mit der Abnahme" spricht. Das erweckt den Anschein, als ob es weniger darauf ankäme, daß der Käufer nicht die ihm besonders obliegende Leistung, nämlich die Zahlung leistet, als vielmehr darauf, daß er die ihm verkaufte Ware nicht empfängt, als ob es sich mit anderen Worten nicht um einen Verzug in der Zahlung, sondern lediglich um den Verzug in der Abnahme handelte. Dieser ist, wenigstens für Geschäfe „ab Lager", bereits im § 31 Absatz 1 Satz 2 geregelt [vgl. Anm. 8 und 9 zu § 31]. Im § 38 Absatz 2 ist, wie aus dem ganzen Zusammenhang hervorgeht, trotz des Wortlautes offensichtlich an den meist vorkommenden Fall gedacht, daß der Käufer weder die Ware annimmt noch Zahlung leistet. Anm. 13.

Will der Verkäufer einen Zwangsverkauf vornehmen, so hat dieser „in öffentlicher Auktion", d. h. durch einen beeidigten Auktionator zu erfolgen. Der Verkauf muß grundsätzlich zu den gleichen Bedingungen wie die des Vertrages, gegen den er vorgenommen wird, erfolgen. Jedoch können auch Ausnahmen berechtigt sein. Ist z. B. Kasse gegen Dokumente verkauft, so müßten eigentlich die Dokumente versteigert werden. Ist jedoch der Dampfer schon eingetroffen, so würde in diesem Falle nach den §§ 3, 4 das Recht der Beanstandung verlorengehen, wenn die Ware nicht untersucht würde; andererseits verlieren aber die Dokumente durch die erfolgte Untersuchung der Ware nach § 39 Absatz 5 ihre Andienungsfähigkeit. Infolgedessen bleibt dem Verkäufer nichts anderes übrig, als die Ware zu untersuchen. Er darf deswegen in diesem Falle anstatt der Dokumente die Ware versteigern lassen [1912. 15]. Anm. 14.

Die Versteigerung muß grundsätzlich an dem Orte erfolgen, an dem die Leistung zu bewirken war. Wird sie an einem anderen Orte vorgenommen, so ist sie gegenüber dem Käufer insoweit unverbindlich, als das Ergebnis hinter dem mutmaßlichen Ergebnis einer solchen an jenem Orte zurückbleibt. Der Schadensberechnung ist dann der letztere zu Grunde zu legen. So hat z. B. das Schiedsgericht einmal in einem (nicht veröffentlichten) Urteil entschieden, daß das Ergebnis einer in Hamburg vorgenommenen Versteigerung von Dokumenten cif Danzig gegen eine Danziger Firma nicht maßgebend sei, weil für solche Dokumente in Danzig ein viel besserer Preis zu erzielen gewesen wäre als in Hamburg.

Abgesehen hiervon ist das Ergebnis gegen den Käufer maßgebend, auch wenn es noch so ungünstig ist. Denn der Käufer, der von dem beeidigten Auktionator von der Versteigerung zu benachrichtigen ist, hat ja Gelegenheit, mitzubieten und so die Ware zu schützen.

Anm. 15. Der Absatz 3 behandelt den *Verzug des Verkäufers*. Will der Käufer sich deswegen eindecken, so kann er dies freihändig tun. Der dabei gezahlte Preis ist maßgebend, sofern er nur nicht außerhalb des Marktpreises an dem betreffenden Tage war. Es kann dem Käufer nicht entgegengehalten werden, daß an dem Tage auch billigere Abschlüsse getätigt sind. Es genügt, wenn der von ihm beauftragte Makler eine Reihe von Geboten einholt. Es kann dem Käufer nicht zugemutet werden, daß er eine Unzahl von Firmen fragen läßt, um vielleicht noch ein um ein Geringes niedrigeres Gebot aufzutreiben.

Grundsätzlich ist auch der Deckungskauf zu denselben Bedingungen zu tätigen, zu denen das Geschäft, gegen das er vorgenommen wird, abgeschlossen war. Sind aber Dokumente der im Vertrage bedungenen Art nicht mehr erhältlich, so kann die Eindeckung in loco-Ware erfolgen [1911. 17].

Anm. 16. Wird der Marktpreis durch Sachverständige festgesetzt, so ist er für Ware der in dem Vertrage bedungenen Beschaffenheit festzusetzen. Der Verkäufer kann nicht geltend machen, daß die Partie, die er zu liefern beabsichtigt hatte, minderwertig gewesen sei und daß deshalb auch der Preisfestsetzung nur eine minderwertige Ware zugrunde gelegt werden dürfe [1922. 28].

Anm. 17. Im Falle der Preisfestsetzung sind bei der Schadensberechnung die Maklercourtage und die gesparten Kosten zu kürzen. Dies gilt aber nur bei Preisfestsetzungen, dagegen nicht, wenn eine Zurückregulierung des Geschäftes durch Vereinbarung der Parteien erfolgt. In diesem

Falle darf die Courtage nicht gekürzt werden [E 36 (1910) und 37 (1910)].

Anhang zu § 38.

Klauseln, die die Haftung des Verkäufers beschränken.

Grundsätzlich haftet der Verkäufer ebenso dafür, daß die verkaufte Ware geliefert wird, wie dafür, daß sie in vertragsmäßiger Beschaffenheit geliefert wird. Ist letzteres nicht der Fall, so hat der Käufer mindestens Anspruch auf Vergütung des Minderwertes, wenn er nicht berechtigt ist, die Ware ganz zurückzuweisen und eventuell Schadensersatz wegen Nichterfüllung zu verlangen (vgl. § 18). Wird überhaupt nicht geliefert, so kann er gemäß § 38 vom Vertrage zurücktreten oder Schadensersatz verlangen. Gegen beide Möglichkeiten sucht sich der Verkäufer in einzelnen Fällen, in denen er seiner Sache nicht ganz sicher ist, durch entsprechende Klauseln zu schützen. Das ist vor allem, ja man kann im allgemeinen sagen, erst in der Kriegszeit und in den ersten Jahren nach dem Kriege aufgekommen, in der mit manchen Zufälligkeiten, sowohl höherer Gewalt (Beschlagnahme u. dgl.) als auch Unzuverlässigkeit mancher Lieferanten gerechnet werden mußte. Mit der Zeit haben diese Klauseln an Bedeutung verloren. Da sie aber hin und wieder noch vorkommen, seien sie hier kurz berührt. Anm. 1.

„Glückliche Ankunft vorbehalten". Diese Klausel befreit den Verkäufer von der Haftung, falls die Ware auf dem Wege zum Erfüllungsort verlorengeht [1917. 18, 1918. 12, 1919. 28]. Ihre Bedeutung erstreckt sich aber nicht auf den Fall, daß die Ware den Erfüllungsort nicht erreicht, weil sie gar nicht, z. B. wegen Unzuverlässigkeit des Lieferanten, abgesandt wird. Die Klausel deckt also nur das Transportrisiko [1919. 28]. Aber auch dieses wird nur insoweit gedeckt, als es sich um den Transport von dem in der Schlußnote angegebenen Abgangsplatz nach dem Bestimmungsort handelt. Ist die Ware noch nicht am Abgangsplatz eingetroffen und erreicht sie ihn nicht, so wird der Verkäufer nicht befreit. Ist z. B. eine Ware mit sofortiger Verladung von Christiania nach Hamburg verkauft, so ist die Klausel ohne Bedeutung, wenn die Ware auf der Reise von drüben nach Christiania verloren geht [1917. 18]. Anm. 2.

„Richtige Lieferung (auch bezüglich Qualität) vorbehalten." Diese Klausel, die fast durchweg in Verbindung Anm. 3.

mit der Anm. 2 erwähnten vorkommt, hatte ursprünglich nur die Fassung „Richtige Lieferung vorbehalten". Infolgedessen wurde in ihr auch nur eine Freizeichnung von der Haftung für die Qualität gesehen [1918. 12]. Erst als die Klausel später mit dem Zusatz der Worte „auch bezüglich Qualität" gebräuchlich wurde, sah man dadurch auch den Fall als gedeckt an, daß der Verkäufer von seinem Vordermann überhaupt nicht beliefert wurde [1919 28, 1920. 31, 1922. 23]. Aber auch in dieser Fassung schützt sie den Verkäufer noch nicht restlos. Vielmehr muß der Verkäufer, der sich auf die Klausel berufen will, den Nachweis dafür führen, daß er gerade bezüglich der für seinen Käufer bestimmten Partie von seinem Vordermann im Stich gelassen ist, denn sonst würde sich der Verkäufer dank eines unerfüllt gebliebenen Einkaufskontraktes von beliebig vielen Verkaufskontrakten befreien können. Das wird ihm in der Regel unmöglich sein, wenn er mehrere gleichartige Einkaufs- und Verkaufskontrakte nebeneinander herlaufen hat. Das Schiedsgericht hat einmal entschieden, daß der Verkäufer solchenfalls durch sein Lagerbuch beweisen müsse, welcher Einkaufskontrakt gegen welchen Verkaufskontrakt stehe [1922. 23]. Aber selbst wenn dieser Nachweis (der in jenem Falle vom Verkäufer nicht erbracht wurde), geführt werden könnte, würde damit noch nicht viel gewonnen sein, denn es ist eine völlig interne, nach außen in keiner Weise in die Erscheinung tretende Angelegenheit des Verkäufers, wie er seine Einkaufs- und Verkaufskontrakte miteinander in Verbindung bringt, und darunter kann der einzelne Käufer nicht leiden [ähnlich in anderem Zusammenhange bezüglich der Reihenfolge der Lieferung rollender und bald zu erwartender Waggons an die einzelnen Käufer schon 1914/16. 17]. Deshalb ist ein späteres Schiedsgericht mit Recht weiter gegangen und hat von dem Verkäufer den Nachweis gefordert, daß er auf seine sämtlichen entsprechenden Einkaufskontrakte von seinen Lieferanten im Stich gelassen ist, widrigenfalls er die hereinkommende Ware pro rata auf seine Käufer verteilen muß [1923. 14, praktisch war das vorerwähnte Schiedsgericht schon zu demselben Ergebnis gekommen].

Anm. 4. „Kaufgemäßer Ausfall der Ware vorbehalten." Diese Klausel deckt lediglich das Qualitätsrisiko, und auch dieses nur insoweit, als die gelieferte Ware eine gegenüber der in der Schlußnote festgelegten Bezeichnung abfallende Beschaffenheit aufweist. Sie betrifft also nur Qualitätsmängel, nicht aber auch den Fall, daß überhaupt ein aliud (vgl. Anm. 6 zu § 18) geliefert wird [1918. 11]. Ein ähnlicher im Jahre 1924 vor dem Schiedsgericht des Drogen-Vereins im gleichen Sinne bezüglich der hier „richtiger Ausfall vorbehalten" lautenden Klausel entschiedener Fall hat Veranlassung gegeben, daß der Verwaltungsrat des Waren-Vereins in Übereinstimmung mit dem Vorstand des Drogenvereins zur Vermeidung von Unklarheiten folgende Klauseln zur Anwendung empfohlen hat [Rundschreiben vom 15. 1. 1925]:

„Richtiger Qualitätsausfall vorbehalten", wenn der Verkäufer nur von der Haftung für die Qualität befreit sein, aber für die gattungsmäßige Richtigkeit haften soll.

„Richtiger Ausfall nach Qualität und Gattung vorbehalten", wenn der Verkäufer von der Haftung für Qualität und Gattungsmäßigkeit befreit sein soll.

„Richtige Belieferung vorbehalten," wenn der Verkäufer außerdem von der Haftung in dem Falle befreit sein soll, daß er von seinem Lieferanten ganz im Stich gelassen wird.

„Originalkontrakt". Diese Klausel, die gleichzeitig das Datum des Originalkontrakts, manchmal unter Aufgabe seines Verkäufers, meist aber den Zusatz „Aufgabe des Verkäufers im Falle von Differenzen vorbehalten" enthält, bedeutet, daß, wie man sagt, der Kontrakt als solcher verkauft wird, d. h. der Verkäufer übernimmt keinerlei eigene Haftung, sei es für die Lieferung überhaupt, sei es für ihre Beschaffenheit. Er ist nur verpflichtet, dem Käufer alle seine Ansprüche gegen seinen Vordermann abzutreten. Tut er dies, so hat sich der Käufer auf Grund des ihm abgetretenen Rechtes an den Vordermann des Verkäufers zu halten [1922. 22]. Anm. 5.

§ 39.

(1) Bei „c. & f."- und „cif"-Geschäften ist der Abladeort der Erfüllungsort für die Lieferung.

(2) Bei diesen Geschäften hat der Käufer die Deklarationsabgabe, sowie den Konnossementsstempel zu zahlen.

(3) Maklergebühren sind, auch wenn die Fracht am Bestimmungsorte zu zahlen ist, vom Bruttobetrag zu zahlen.

(4) Bei „c. & f."- und „cif"-Geschäften können Partien, welche hier bereits untersucht sind, nicht angedient werden.

(5) Der Verkäufer ist bei „c. & f."- und „cif"-Geschäften verpflichtet,

die Dokumente, sobald sie in seinen Besitz gelangt sind, dem Käufer unverzüglich einzuhändigen. Die Einhändigung der Dokumente kann auch noch nach der Entlöschung geschehen, wenn sie verspätet in Hamburg eingetroffen sind. In diesem Falle ist den Dokumenten der Nachweis beizufügen, daß jeder Verkäufer sie nicht länger als 24 Stunden in seinem Besitz gehabt hat. Auch haftet der Verkäufer seinem Käufer für entstehendes Lagergeld und sonstige Kosten. Die Dokumente müssen, auch wenn in der Weitergabe derselben ein Versäumnis seitens eines der Glieder der Kette nachgewiesen wird, vom Käufer unter allen Umständen aufgenommen werden, doch steht demselben das Recht zu, einen ihm durch die Verzögerung in der Weitergabe der Dokumente nachweislich entstandenen Schaden von seinem Vordermann zu reklamieren, für welchen dieser sich gleichfalls an seinem Vordermanne schadlos halten kann.

Platzusanzen: Absätze 1—2: § 18 „Bei Kost-Fracht"- und cif-Geschäften ist der „Abladeort der Erfüllungsort für die Lieferung."

„Bei diesen Geschäften hat der Käufer die Deklarationsabgabe, sowie den Konnossementsstempel und die die Ware treffende Kai-Ladungsgebühr zu zahlen."

Dem Absatz 3—5 entsprechende Bestimmungen fehlen.

Geschichtliches. Absatz 1: Diese Bestimmung fehlte ursprünglich. Sie ist erst 1905 in Anlehnung an die P.U. aufgenommen.

Absatz 2: Diese Bestimmung lautete ursprünglich:

„Bei Verkäufen von Konnossementen, bei Kost-Fracht und cif-Geschäften „hat der Käufer, bei allen anderen Verkäufen der Verkäufer die Eingangs„deklaration für seine Rechnung zu besorgen."

Die jetzige Fassung wurde 1905 in Anlehnung an die P.U. beschlossen.

Absatz 3: Diese Bestimmung lautete ursprünglich:

„Bei Kost-Fracht- und cif-Geschäften ist die Courtage vom Bruttobetrage „nach Abzug der Fracht bzw. der Fracht und Assekuranzprämie, aber vor Ab„zug des Dekort zu berechnen."

1905 erhielt die Bestimmung folgende Fassung:

„Dekort und Maklergebühr sind, wenn die Fracht am Bestimmungsort zu „zahlen ist, vom Bruttobetrage nach Abzug der Fracht zu berechnen."

Bei der Neubearbeitung der W.V.B. wurde 1920 auf Antrag der Makler die heutige Fassung beschlossen.

Absatz 4: Diese Bestimmung fehlte ursprünglich. Sie wurde 1908 anläßlich eines vor das Schiedsgericht gekommenen Falles, der übrigens entsprechend entschieden wurde, zur Vermeidung von Zweifeln aufgenommen [1906. 8].

Absatz 5: Diese Bestimmung fehlte ursprünglich. Sie ist erst 1907 eingeführt [1906. 8]. Sie hatte zunächst die Fassung:

„Der Verkäufer ist bei „c. & f."- und „cif"-Geschäften verpflichtet, die Doku-

„mente, sobald sie in seinen Besitz gelangt sind, dem Käufer unverzüglich ein-„zuhändigen;

„Die Einhändigung der Dokumente kann auch noch nach der Entlöschung „geschehen, der Verkäufer haftet aber in diesem Falle dem Käufer für ent-„sprechendes Lagergeld und sonstige Kosten."

1908 wurde beantragt, die Andienung der Dokumente nach Entlöschung auf den Fall zu beschränken, daß sie verspätet angekommen seien. Die Kommission, der dieser Antrag überwiesen war, empfahl die weitere Einschränkung auf den Fall der nachweislich verspäteten Ankunft. Der Antrag der Kommission wurde angenommen. Der zweite Halbsatz erhielt danach folgende Fassung:

„Die Einhändigung der Dokumente kann bei nachweislich verspäteter Ankunft „auch noch nach der Entlöschung geschehen, der Verkäufer haftet aber in diesem „Falle dem Käufer für entstehendes Lagergeld und sonstige Kosten."

Diese Fassung blieb bei der Neubearbeitung im Jahre 1920 unverändert. Im weiteren Verlaufe zeigten sich aber bei mehreren freundschaftlichen Schiedsgerichten erhebliche Meinungsverschiedenheiten, hauptsächlich in der Richtung, ob unter den Worten „bei nachweislich verspäteter Ankunft" die Ankunft der Dokumente in Hamburg oder bei dem Verkäufer zu verstehen sei, welche Frage in den meisten Fällen in letzterem Sinne entschieden wurde. Diese Tatsache führte zu Anträgen auf Abänderung nach zwei Richtungen, einerseits auf Klarstellung, daß es auf die Ankunft der Dokumente in Hamburg, also beim ersten Hamburger Verkäufer, ankomme, andererseits aber auf schärfere Formulierung, um dem Käufer die Möglichkeit zu nehmen, die Bestimmung zum Vorwand zu benutzen, sich von ungünstigen Kontrakten loszusagen. Eine im März 1925 eingesetzte Kommission schlug vor, dem Absatz 5 eine den ersten vier Sätzen des heutigen Wortlauts entsprechende Fassung zu geben. Auf Antrag des Verwaltungsrats wurde dann aber noch der heutige fünfte Satz hinzugefügt und so im September 1925 die heutige Fassung beschlossen. Für den Vorschlag des Verwaltungsrates war die Erwägung maßgebend, daß in der Mehrzahl der Fälle, die zu Streitigkeiten geführt hatten, die Käufer versucht hatten, den Absatz 5 zu benutzen, um sich von für sie ungünstigen Verträgen loszumachen. Demgegenüber wurde es als oberster Gesichtspunkt bezeichnet, daß abgeschlossene Verträge erfüllt werden sollen. Es wurde ferner auf die Londoner Usanzen hingewiesen, nach denen der Käufer unter allen Umständen auch bei nach Entlöschung des Dampfers erfolgender Andienung aufnehmen muß, hier sogar, ohne Anspruch auf Schadensersatz, abgesehen von den Lagerkosten, zu haben.

Zu Absatz 1. Diese Vorschrift stellt eine Ausnahme von der allgemeinen Regel des § 24 dar, daß Hamburg Erfüllungsort ist. Es ergeben sich daraus wichtige Folgerungen. Anm. 1.

Der Verkäufer hat bei c. & f.- und cif-Geschäften für die Vertragserfüllung genug getan, wenn er eine den Bedingungen entsprechende Ware innerhalb der vorgeschriebenen Frist ablädt, die Kosten der Abladung und die Fracht bezahlt, bei cif-Geschäften auch die Versicherung deckt und die Prämie bezahlt. Von der Übergabe an den Frachtführer Anm. 2.

an geht dann jede Gefahr zu Lasten des Käufers. Hierunter fällt nicht nur der Verlust der Ware infolge Untergang des Schiffes, sondern auch infolge sonstigen Abhandenkommens oder Fehlauslieferung durch die Reederei [1913. 7]. Der Käufer kann sich im letzteren Fall nur an die Reederei (gegebenenfalls, wenn die Ware von dieser richtig gelöscht und erst am Kai abhanden gekommen ist, auch an die Kaiverwaltung) halten. Ansprüche an den Verkäufer hat er nur in dem Falle, daß die im Konnossement bezeichnete Ware gar nicht abgeladen ist [1912. 17]. Gegenüber der prima facie-Beweiskraft des Konnossements trifft die Beweislast hierfür aber den Käufer.

Anm. 3 Es geht ferner zu Lasten des Käufers, wenn die Reederei das Gut auf Grund der Konnossementsbedingungen an einem anderen als dem Bestimmungshafen entlöscht, etwa weil dieser wegen Eises nicht zu erreichen ist. Anders liegt es natürlich, wenn der Verkäufer, ohne daß ein solcher Fall vorliegt, seinerseits der Reederei gegenüber der Entlöschung an einem anderen Platz zugestimmt hat. Die Beweislast hierfür liegt dem Käufer ob [1914/16. 15].

Anm. 4. Da der Abladeort Erfüllungsort ist, ist auch für die Beurteilung der Qualität der Zustand der Ware am Abladeort maßgebend. Infolgedessen sind bei einer Besichtigung der Ware am Bestimmungsort alle Mängel, die auf der Reise eingetreten sind, außer acht zu lassen [1912. 7], es sei denn, daß sie eine Folge einer mangelhaften Beschaffenheit der Ware zur Zeit der Abladung sind, so z. B. Schimmel infolge Verladung in angefeuchtetem Zustande (Mandeln!).

Anm. 5. Andererseits ist aus dem § 39 Absatz 1 nicht zu folgern, daß der Verkäufer verpflichtet ist, eine Ware zu liefern, die er selbst ablädt oder die er unmittelbar von dem eigentlichen Ablader gekauft hat. Vielmehr ist der Verkäufer, wenn nicht ausdrücklich etwas Gegenteiliges vereinbart ist, berechtigt, eine im Markt von einem Dritten gekaufte Abladung anzudienen [1912. 16].

Anm. 6. Zu Absatz 3. Im Jahre 1904 hat das Schiedsgericht einmal entschieden, daß, wenn zwischen Parteien ein nach der Menge des Jahresbezuges steigender, am Ende des Jahres zu verrechnender Rabatt zu gewähren ist, dieser nicht nach den Fakturenbeträgen zu berechnen, daß vielmehr von diesen jeweils die Fracht zu kürzen sei [E 64 (1904)]. Diese Entscheidung war damit begründet, daß auch die Courtage und der (damals noch übliche) Dekort erst nach Abzug der Fracht vom Bruttobetrage berechnet werde. Nachdem jetzt aber die Courtage vom

Bruttobetrage ohne Abzung der Fracht berechnet wird, dürfte die angegebene Entscheidung nicht mehr maßgebend sein.

Zu Absatz 4. Diese Vorschrift steht in unmittelbarem Zusammenhange damit, daß der Abladeort Erfüllungsort ist. Da mit der Abladung selbst erfüllt ist, darf der Verkäufer sich mit der Ware selbst nicht mehr befassen, sie also auch nicht untersuchen. Noch viel weniger darf er natürlich irgendwelche Manipulationen mit der Ware vornehmen. So ist es z. B. unstatthaft, wenn etwa der Verkäufer von Dörräpfeln, der blanke Kisten verkauft hat, die fälschlich mit Marken abgeladenen Kisten am Kai abhobeln und dann erst die Dokumente andienen wollte [E 43 (1904)]. Anm. 7.

Zu Absatz 5. Dieser Absatz ist, wie unter der Bemerkung „Geschichtliches" ausgeführt ist, erst in letzter Zeit grundlegend umgestaltet worden. Infolgedessen hat das Schiedsgericht noch keine Gelegenheit gehabt, sich mit der Bedeutung des jetzigen Wortlauts zu befassen. Anm. 8.

Bezüglich des ersten Satzes, nach dem der Verkäufer die Dokumente dem Käufer unverzüglich einzuhändigen hat, sobald sie in seinen Besitz gelangt sind, war schon unter der Geltung der früheren Fassung anerkannt, daß er den Käufer nicht schlechthin berechtigt, die Aufnahme der Dokumente zu verweigern, falls der Verkäufer der Verpflichtung zur unverzüglichen Weitergabe nicht nachkommt, es sei denn, daß etwa der Dampfer inzwischen leer geworden ist [E 57 (1910), 1912. 9]. Die letztere Ausnahme ist in der heutigen Fassung hinfällig geworden. Keinesfalls ist der Verkäufer verpflichtet, die Dokumente seinerseits, nur um sie seinem Käufer früher andienen zu können, eher von seinem Vordermann aufzunehmen, als er diesem gegenüber zur Aufnahme verpflichtet war. Das ist in einem Falle, in dem der Verkäufer seinem Ablader gegenüber die mit den Dokumenten präsentierte Tratte erst 10 Tage nach Sicht einzulösen brauchte, ausdrücklich entschieden worden [1912. 9].

Durch den zweiten Satz ist die bisher umstrittene Frage, ob es auf die Ankunft der Dokumente in Hamburg oder beim Verkäufer ankomme, in ersterem Sinne entschieden. „Verspätet" ist das Eintreffen, wenn es nicht so rechtzeitig erfolgt, daß die Dokumente bis zum Leerwerden des Dampfers nicht in den im dritten Satz bestimmten Fristen die Kette bis zu dem betreffenden Käufer durchlaufen können. Anm. 9.

Grundsätzlich wird nach dem dritten Satz den Dokumenten ein Anm. 10.

Laufzettel beigefügt werden müssen, widrigenfalls der Käufer berechtigt ist, nach dem fünften Satz Schadensersatz zu fordern.

Anm. 11. Im Gegensatz zu dem früheren Rechtszustand ist der Käufer heute unter allen Umständen, auch wenn die Weitergabe der Dokumente bei verspäteter Andienung, gleichviel aus welchem Grunde, verzögert ist, zur Aufnahme verpflichtet. Er kann aber außer den entstandenen Lager- und sonstigen Kosten Ersatz des ihm nachweislich entstandenen Schadens verlangen. Da der Schaden nachgewiesen werden muß, kommt ein Anspruch auf Vergütung einer Differenz zwischen den Marktpreisen an den Tagen der tatsächlichen Andienung und dem Tage, an dem die Andienung hätte erfolgen müssen, nicht in Frage. Vielmehr kann nur ein Schaden reklamiert werden, der belegt werden kann, so z. B. wenn der Käufer einen ihm gewordenen Auftrag infolge der verspäteten Andienung nicht hat erfüllen können und ihm dadurch ein Gewinn entgangen ist oder er gar hat Schadensersatz leisten müssen.

Anm. 12. Die Verschiebung, die durch die Neufassung des Absatz 5 zugunsten der Stellung des Verkäufers gegenüber derjenigen des Käufers eingetreten ist, ist nicht so groß wie sie auf den ersten Blick den Anschein hat. Dagegen, daß der Verkäufer sich etwa über Gebühr lange freie Hand vorbehalten will und schon die Aufgabe des Dampfers verzögert, kann sich der Käufer gemäß § 37 Absatz 2 und 3 schützen. Und wenn der Dampfer eingetroffen ist und gleichwohl noch keine Dokumente angedient werden, so kann der Käufer für die Andienung der Dokumente eine Nachfrist gemäß § 38 Absatz 1 setzen und so eventuell Schadensersatz wegen Nichterfüllung verlangen.

§ 40.

Ist bei einem Verkauf in der Schlußnote die Person des Käufers vorbehalten, so berechtigen Bedenken gegen den nachträglich aufgegebenen Käufer den Verkäufer nicht zum Rücktritt. Solchenfalls gilt der Makler als Käufer und ist für die Erledigung des Geschäftes haftbar.

Platzusanzen: —

Geschichtliches: Die ursprüngliche Fassung enthielt folgende Bestimmung:
„Wenn an einen Makler verkauft ist, berechtigen Bedenken gegen den

„Käufer nicht zum Rücktritt, jedoch bleibt der Makler für die Erledigung des „Geschäftes haftbar."

Bei der im Anschluß an die P.U. erfolgenden Neuredaktion der W.B.B. wurde diese Bestimmung 1905 fortgelassen. Jedoch empfand man dies schon kurz darauf als Übelstand (1905. 10). 1907 wurde sie deshalb in der alten Fassung wieder eingefügt. Bei der Neubearbeitung der W.B.B. im Jahre 1920 wurde die heutige, den Sinn klarer zum Ausdruck bringende Fassung angenommen.

Der § 40 betrifft nur den Fall, daß die Person des Käufers in der Schlußnote vorbehalten ist. Hiervon zu unterscheiden ist der Fall, daß der Makler bei dem mündlich erfolgten Abschluß dem Verkäufer den Namen des Käufers nicht genannt hat, ohne ausdrücklich die Aufgabe vorzubehalten, und dann, sei es schon vorher, sei es in der Schlußnote, den Namen aufgibt. Auch in diesem Falle steht es im freien Belieben des Verkäufers, ob er die ihm aufgegebene Firma als Käufer annehmen will oder nicht. Solange, bis er sich hierüber (eventuell durch Stillschweigen gegenüber der Aufgabe) entscheidet, ist aber das Geschäft überhaupt noch nicht zustande gekommen [1911. 11]. Lehnt der Verkäufer die ihm als Käufer genannte Person ab, so ist damit alles erledigt. Auch eine Haftung des Maklers und sein Eintritt als Käufer kommt nicht in Betracht, sofern nicht darüber eine besondere Einigung zwischen dem Verkäufer und dem Makler zustande kommt. Sie kann aber weder dem Makler noch dem Verkäufer aufgezwungen werden. Voraussetzung ist natürlich, daß der Makler von vornherein zu erkennen gegeben hat, daß er als solcher auftritt. Tut er dies nicht, sondern geriert er sich wie ein Händler, so gilt er als Käufer und kann nicht nachträglich einen anderen Käufer aufgeben. Das ist besonders für den Fall der Auktion wichtig [1912. 21]. Anm. 1.

Der § 40 trifft vielmehr nur den Fall, daß der Makler sich die Aufgabe des Käufers ausdrücklich vorbehalten hat und somit das Geschäft bewußt und gewollt mit einem offen gelassenen Punkte, aber schon fest abgeschlossen ist. Über das Geschäft wird dementsprechend auch eine Schlußnote ausgestellt, die aber die Person des Käufers noch offenläßt. Anm. 2.

Selbstverständlich kann in diesem Falle dem Verkäufer nicht zugemutet werden, daß er jede, vielleicht recht wenig kapitalkräftige oder als schikanös bekannte Person als Käufer hinnehmen muß. Er kann vielmehr, wenn er Bedenken gegen den aufgegebenen Käufer hat, diesen ablehnen. Er braucht dabei nicht darzutun, worin diese Be- Anm. 3.

denken bestehen, und es kommt eine Nachprüfung, ob sie objektiv begründet erscheinen, nicht in Frage.

Anm. 4. Im Gegensatz zu dem in Anm. 1 geschilderten Fall wird durch die Zurückweisung des aufgegebenen Käufers durch den Verkäufer das Geschäft nicht hinfällig, denn der Verkäufer hat ja bewußt unter Offenlassung der Person des Käufers gleichwohl fest verkauft. Er kann deshalb auch nicht zurücktreten. Vielmehr ist in diesem Falle dann der Makler Käufer und eine Rückgängigmachung des Geschäftes ist nur mit seiner besonderen Genehmigung möglich.

§ 41.

(1) Ist bedungen, daß eine Ware „frei" (franko) eines bestimmten Ortes geliefert werden soll, so gilt der Lieferungsort als Erfüllungsort für die Lieferung; ist eine Ware „frachtfrei" eines bestimmten Ortes verkauft, so bleibt der Abladeort der Erfüllungsort.

(2) „Frei Bord" („frei an Bord") heißt: frei auf das Schiff; „frei Schiffsseite" heißt: frei an das Schiff. Bei „frei Schiffsseite" sind, falls der Verkäufer rechtzeitig angeliefert hat, etwaige Überliegekosten zu Lasten des Käufers.

(3) „Frei Bahn" heißt: frei an die Bahn (Abgangsbahnhof).

(4) „Frei Waggon" heißt: frei in den Waggon.

(5) Bei „ab Lager (Kai)" trägt der Käufer die Gefahr und die Kosten des Absetzens.

(6) Bei „frei in die Schute (auf den Wagen)" trägt der Verkäufer die Gefahr und die Kosten des Absetzens.

(7) „Frei ab Hamburg" heißt: „frei ab Kai" oder „frei Schiffsseite" oder „frei Bahn", nach Käufers Wahl.

Platzusanzen. § 19: ebenso, aber ohne die Absätze 5 und 6. An deren Stelle steht folgende Bestimmung:

„Bei „frei ab Lager", „frei ab Kai" verkauften Waren trägt der Käufer die „Kosten des Absetzens."

Vgl. ferner die Bekanntmachung der Handelskammer vom 14. 1. 1921 betr. Regelung der Umschlaggebühr bei Verkäufen „ab Kai" und „frei ab Kai", in der die Handelskammer zur allgemeinen, usanzemäßigen Nachachtung empfiehlt, die Regelung so vorzunehmen, daß Verkäufer und Käufer die Umschlaggebühr je zur Hälfte tragen.

Geschichtliches. Absatz 1 fehlte ursprünglich und ist erst 1905 in Übereinstimmung mit den P.U. aufgenommen.

Absatz 2 lautete ursprünglich:

„Bei „frei Bord", „frei an Bord", „frei Bahn" verkauften Waren hat der „Verkäufer auch die Kosten der Aufbringung auf das Fahrzeug zu tragen."

„Bei „frei Schiffsseite" verkauften Gütern trägt der Verkäufer die Gefahr „bis zur Aufnahme der Güter an Bord, die Kosten dagegen nur bis zur Lieferung „Längsseite. Etwaige Überliegegelder sind, falls der Verkäufer rechtzeitig ange„liefert hat, zu Lasten des Käufers."

Absatz 3 lautete ursprünglich:

„„Frei Bahn" oder „frei ab Bahn" verkaufte Waren hat der Verkäufer an „die Bahn (auf den Schuppen) zu liefern bzw. der Käufer von dort abzuholen."

Absatz 4: lautete ursprünglich:

„Bei „frei Waggon", „frei ab Waggon" verkauften Waren hat der Ver„käufer auch die Kosten der Einladung in den Waggon bzw. der Käufer die „Kosten der Ausladung aus demselben zu tragen."

Die heutige Fassung der Absätze 2—4 ist 1905 in Übereinstimmung mit den Platzusanzen angenommen.

Absatz 5 lautete ursprünglich:

„Bei „frei ab Lager" oder „frei ab Kai" verkauften Waren trägt der Ver„käufer die Kosten des Absetzens."

„Bei „frei Kai" verkauften Waren trägt der Käufer die eventuell zu zahlende „Kaigebühr."

„„Frei ab" heißt „frei ab Lager" oder „frei Kai"."

Bei der 1905 mit Rücksicht auf die P.U. vorgenommenen Neuredaktion der P.U. trug man Bedenken, in bezug auf diese Klauseln den P.U. zu folgen, da man den in bezug auf die Kosten des Absetzens bestehenden Unterschied zwischen „frei ab Lager (Kai)" einerseits und „ab Lager (Kai)" andererseits beibehalten wollte. So kam man, abweichend von den P.U., zu der jetzigen [den Gedankengang nicht völlig klar zum Ausdruck bringenden] Fassung des Absatzes 5.

Absatz 6 fehlte ursprünglich und wurde erst 1905 aufgenommen.

Absatz 7 lautete ursprünglich:

„„Frei ab Hamburg" heißt „frei ab Kai" oder „frei Schiffsseite" oder „frei Bahn"."

Die Worte „nach Käufers Wahl" sind 1905 hinzugefügt.

Zu Absatz 1. Bei dem Verkaufe „frei (franko)" eines bestimmten Ortes gilt dieser als Erfüllungsort. Es liegt also eine Ausnahme von der allgemeinen Regel des § 24 vor. Das in Anm. 2—5 zu § 39 Gesagte gilt mutatis mutandis auch hier. Anm. 1.

Zu Absatz 2. Diese Regelung bezieht sich naturgemäß nur auf das Verhältnis zwischen Verkäufer und Käufer. Für das Verhältnis zum Schiff gelten die Vorschriften des 4. Buches des H.G.B. bzw. die Hafengebräuche. Bei „frei Schiffsseite" gehen die Kosten des Anm. 2.

Anschlagens der Hieven, falls dieses im Verhältnis zum Schiff Sache des Abladers ist, zu Lasten des Verkäufers.

Anm. 3. Zu Absatz 5. Da bei Verkäufen „ab Lager" der Käufer die Kosten des Absetzens trägt, darf der Verkäufer ihm solche in üblicher Höhe in Rechnung stellen, wenn er es durch seine Leute bewirkt. Mit dem Augenblick des Verlassens des Lagers geht die Gefahr auf den Käufer über. Übernimmt der Verkäufer für einen im Inland wohnenden Käufer die Verladung und stößt der Ware auf dem Transport vom Lager zur Bahn etwas zu, so geht das ausschließlich zu Lasten des Käufers.

Wie aus dem Absatz „Geschichtliches" hervorgeht, ist von „ab Lager" zu unterscheiden „frei ab Lager". Hierbei trägt der Verkäufer die Kosten, der Käufer aber die Gefahr des Absetzens.

§ 41 a.

Bei einem Geschäft, bei dem der Preis in ausländischer Währung angegeben ist, ist die verdiente Courtage in einem auf diese Währung lautenden Scheck zu zahlen.

Platzusanzen: —

Geschichtliches: Die Bestimmung ist erst 1921 mit Rücksicht auf die Inflation eingefügt, weil manche Händler die Maklercourtage nur in Papiermark und noch dazu unter Umrechnung zum Kurse des Tages des Geschäftsabschlusses und nicht des Tages der Zahlung bezahlen wollten. Es ist damit aber nichts Neues gesagt, sondern gegenüber irrigen Auffassungen nur die schon vorher bestehende Rechtsanschauung zum Ausdruck gebracht worden [1922. 35].

Durch die Devisengesetzgebung ist die Bedeutung dieser Bestimmung, die nach Eintritt der Stetigkeit der deutschen Währung ihre Tragweite wieder verloren hat, beeinflußt worden. Es ist nämlich zu unterscheiden, ob es sich um Geschäfte handelt, bei denen in fremder Valuta Zahlung geleistet werden darf, oder um solche, bei denen die fremde Valuta nur als Rechnungsgrundlage dienen darf, bei denen aber die Zahlung in deutscher Währung erfolgen muß. In ersterem Falle hat auch der Makler Anspruch auf Zahlung seiner Courtage in der betreffenden fremden Valuta, in letzterem Falle hat er nur Zahlung in deutscher Währung, aber zum Kurse des Tages zu beanspruchen, an dem die Zahlung der Courtage erfolgt.

Anhang zu § 41 a.

Der Anspruch des Maklers auf Courtage.

Anm. 1. Nach § 652 B.G.B. hat der Makler Anspruch auf Courtage, wenn er den Abschluß des Geschäftes vermittelt hat. Der Anspruch entsteht in dem Augenblick, in dem das Geschäft zwischen den Parteien endgültig zustande gekommen, d. h. praktisch dann, wenn die vom Makler ausgestellte Schlußnote von beiden Parteien entgegengenommen und innerhalb der Frist des § 5 nicht beanstandet ist.

Anm. 2. Wird das Geschäft im weiteren Verlaufe nicht durchgeführt, etwa weil der Käufer die Andienung nicht empfängt oder weil der Verkäufer nicht liefert, so berührt das den Anspruch des Maklers an sich nicht. Wenn der Makler in solchen Fällen in der Regel auf seine Courtage verzichtet, so geschieht dies aus Entgegenkommen, weil er es mit dem betreffenden Händler nicht gerne verderben will und hofft, das ihm in diesem Falle Entgehende durch spätere Geschäfte mit demselben Händler wieder hereinzubringen. Aber ein Anspruch des Händlers auf ein solches Entgegenkommen besteht nicht, und der Makler kann gleichwohl rechtlich seine Courtage beanspruchen [1914/16. 14].

Anm. 3. Anders liegt es jedoch, wenn das Geschäft zwar zustande gekommen ist, aber Vorbehalte für die eine oder andere Partei enthält, auf Grund deren es unter Umständen wieder hinfällig wird. In diesen Fällen ist der Makler, wenn solches eintritt, handelsüblich nicht berechtigt, Courtage zu fordern. Das gilt z. B. wenn bei Verkäufen „auf Besicht" oder „auf Nachstechen" der Käufer die ihm vorgesetzte Ware aufschießt und das Geschäft damit hinfällig wird [vgl. §§ 16, 17, 1922. 34] oder wenn der Verkauf mit der Klausel „glückliche Ankunft und richtige Lieferung vorbehalten" erfolgt ist und die Ware nicht ankommt oder der Verkäufer nicht beliefert wird [1923. 19].

Anm. 4. Der Anspruch des Maklers auf Courtage wird nicht dadurch ausgeschlossen, daß er selbst für eigene Rechnung kauft. Dadurch, daß er die Schlußnote ausstellt, dokumentiert er sich als Makler [E 37 (1906)]. Dagegen kann der Verkäufer, wenn er die Ware später von dem als Selbstkäufer aufgetretenen Makler zurückkauft, dem Makler seinerseits keine Courtage berechnen, wenn das nicht ausdrücklich ausbedungen ist [1922. 35].

§ 42.

Für die auf Grund dieser Geschäftsbedingungen abgeschlossenen Verträge, sowie für das Verhältnis zwischen den Vertragsparteien und dem vermittelnden Makler gelten die vom Vereinsvorstande zu ernennenden Sachverständigen als zur Entscheidung von Qualitätsfragen, das Vereins-Schiedsgericht als zur Entscheidung von anderen Streitigkeiten und Meinungsverschiedenheiten zuständig, sofern nicht im Vertrage ausdrücklich etwas anderes vereinbart ist. Ebenso ist unter den Klauseln „Warenvereins-Arbitrage" oder „Warenvereins-Bedingungen" zu verstehen, daß Qualitätsfragen durch vom Vereinsvorstande zu ernennende Sachverständige, andere Streitigkeiten und Meinungsverschiedenheiten durch das Vereins-Schiedsgericht zu entscheiden sind. Für die Ernennung und das Verfahren der vom Vereinsvorstande ernannten Sachverständigen und des Schiedsgerichts sind in allen Fällen die hierüber erlassenen Bestimmungen maßgebend.

Platzusanzen: Von dem § 20, der im übrigen Bestimmungen über die sog. Hamburger oder freundschaftliche Arbitrage bzw. die Handelskammer-Arbitrage enthält, interessiert nur der Absatz 1:

„Unter Arbitrage ist die Entscheidung von Streitigkeiten im Schiedswege „unter Ausschluß der ordentlichen Gerichte nicht nur über Qualitätsfragen, „sondern auch über alle anderen aus dem Geschäft entstehenden Streitpunkte, ins„besondere auch über Rechtsfragen, zu verstehen, es sei denn, daß in dem Ver„trage ausdrücklich etwas anderes vereinbart ist."

Geschichtliches: —

Die Usanzen von 1886 sahen ein der späteren freundschaftlichen Arbitrage ähnliches Verfahren vor, jedoch nur, falls der Streitwert Mk. 1500,— nicht überstieg.

Da gleichzeitig mit den W.V.B. ein ständiges Schiedsgericht geschaffen wurde, erhielten die W.V.B. in ihrer ursprünglichen Fassung folgende Bestimmung:

„Die Schlußnoten haben folgende Bestimmung zu enthalten: „In Gemäßheit „der vom Verein zur Förderung usw. festgesetzten Usanzen. Meinungsverschieden„heiten sind durch das Schiedsgericht oder die Sachverständigen des genannten „Vereins nach den von demselben hierfür erlassenen Bestimmungen, eventuell auf „einseitigen Antrag, endgültig zu entscheiden."

Diese Fassung erwies sich als ungenügend, denn das Landgericht Hamburg hob im Jahre 1903 einen Schiedsspruch des Schiedsgerichts wegen Unzuständigkeit auf, weil unter „Meinungsverschiedenheiten" nicht diejenigen Fälle fielen, „bei denen es reine objektive, eine Divergenz der Meinungen a priori ausschließende Momente sind, die für die Entscheidung einer Differenz zwischen den Parteien ausschlaggebend sind, bei denen man also bona fide nicht verschiedener Meinung sein kann," so z. B. der Anspruch auf Zahlung [E. 10]. Mit Rücksicht auf diese Entscheidung wurde im Jahre 1904 das Wort „Meinungsverschiedenheiten" durch das Wort „Streitigkeiten" ersetzt.

Nachdem der § 20 P.U. durch die Bekanntmachung der Handelskammer vom 12. 4. 1911 eine völlige Umgestaltung unter Definierung des Begriffes „Arbitrage" erfahren hatte [vgl. hierüber Näheres bei Mathies, Die Entwicklung der Hamburger Arbitrage und ihre Stellung im Weltverkehr, in Zeitfragen des Wirtschaftsrechts, Beilage des „Wirtschaftsdienst", 1. Jahrgang, Heft 1, S. 1, 5; ferner Mathies, Die ständigen Schiedsgerichte des Hamburger Großhandels S. 49 ff.], schien es zweckmäßig, auch für die W.V.B. eine entsprechende Bestimmung aufzunehmen, um so mehr, als bis dahin nur eine Vorschrift über den Inhalt der Schlußnote bestand, aber keine solche, die maßgebend war, wenn die Schlußnote dieser Vorschrift nicht genügte, so daß z. B. bei der einfachen Klausel „Waren-vereins-Bedingungen" bezüglich des Schiedsgerichts eine Lücke klaffte. Dem wurde im Jahre 1912 Rechnung getragen. Dabei wurde die heutige Fassung eingeführt, jedoch ohne die Worte „sowie für das Verhältnis zwischen den Vertragsparteien und dem vermittelnden Makler". Diese wurden erst 1920 eingefügt, um damit die dem Schiedsgericht bis dahin noch nicht unterworfenen [1919. 16] Makler diesem zu unterstellen. Im Jahre 1912 hatte man die alte Vorschrift über den Inhalt der Schlußnoten noch in einem besonderen Absatz des Schiedsgerichtsparagraphen stehen gelassen. Bei der Neubearbeitung der W.V.B. wurde dieser als nicht in die Bedingungen selbst gehörig gestrichen.

Der § 42 stellt die Zuständigkeit der W.V.-Sachverständigen und des W.V.-Schiedsgerichts für alle Geschäfte fest, die nach den W.V.B. abgeschlossen werden. Es bedarf also für solche Geschäfte einer besonderen Schiedsklausel in der Schlußnote nicht. Anm. 1.

Dies gilt aber nur, wenn nicht bei dem Abschluß ausdrücklich etwas anderes vereinbart ist. Das geschieht nicht ganz selten, meist durch die Klausel „Waren-Vereins-Bedingungen, freundschaftliche Arbitrage" oder „freundschaftliche Arbitrage nach Waren-Vereins-Bedingungen". Dann sind der Entscheidung zwar die W.V.B. zugrunde zu legen. Sie hat aber nicht durch das W.V.-Schiedsgericht oder die W.V.-Sachverständigen zu erfolgen, sondern es hat gemäß § 20 der Platzusanzen für den hamburgischen Warenhandel jede Partei einen Arbiter zu ernennen, die sich dann erforderlichenfalls einen Obmann wählen oder von der Handelskammer ernennen lassen. Anm. 2.

Andererseits können das W.V.-Schiedsgericht und die W.V.-Sachverständigen aber auch zuständig sein, ohne daß gleichzeitig die W.V.B. gelten. Die Zuständigkeit muß in diesem Falle aber ausdrücklich vereinbart sein. Aus der Vereinbarung des W.V.-Schiedsgerichts ist dann aber noch nicht ohne weiteres auch die Geltung der W.V.B. zu Anm. 3.

folgern. Es kann z. B. sehr wohl vorkommen, daß eine ausländische Firma sich zwar einem Hamburger und zwar dem W.V.-Schiedsgericht unterwerfen, nicht aber gleichzeitig die W.V.B. anerkennen will [1921. 11].

Anm. 4. Ist weder die Geltung der W.V.B. noch die Zuständigkeit des W.V.-Schiedsgerichts vereinbart, so ist das W.V.-Schiedsgericht nicht zuständig, auch nicht wenn beide Parteien Mitglied des W.V. sind. Denn abgesehen davon, daß die Satzungen des W.V. keine Verpflichtung der Mitglieder enthalten, sich in allen Fällen dem W.V.-Schiedsgericht zu unterwerfen, würden durch die Satzungen auch nur Verpflichtungen der Mitglieder gegenüber dem Verein, nicht aber auch untereinander begründet, und schließlich ist nach § 1026 Z.P.O. eine Schiedsgerichtsklausel auch nur insoweit verbindlich, als sie sich auf ein bestimmtes Rechtsverhältnis bezieht [O.L.G. Hamburg in E 8, 1920. 13, dies gilt jedoch nicht für die Qualitätsarbitrage vgl. O.L.G. Hamburg in E 20 (1903)].

Anm. 5 Nicht selten wird die Zuständigkeit des Schiedsgerichts daraus abzuleiten versucht, daß bei früheren Geschäften mit derselben Gegenpartei immer mit W.V.-Schiedsgericht abgeschlossen sei und damit seine Zuständigkeit ein für allemal feststehe. Auch dies versagt gegenüber der zwingenden Vorschrift des § 1026 Z.P.O.

Anm. 6. Ist das W.V.-Schiedsgericht zuständig, so ist es für alle Streitigkeiten aus dem betreffenden Abschluß zuständig. Es ist sehr wohl möglich, daß aus einem und demselben Geschäft nacheinander mehrere Streitigkeiten entstehen. Die Bedeutung der Schiedsklausel erschöpft sich aber nicht durch eine einmalige Entscheidung des Schiedsgerichts [1919. 19].

Anhang.[1]

Tara für die einzelnen Artikel.

Äpfel, getrocknete in Fässern: Faktura-Tara,
evaporated, in Kisten: Abladenettogewicht.
Aprikosen, kalifornien: Abladenettogewicht.
Arrowroot, in Dosen: reine Tara,
in Fässern: Faktura-Tara.
Bickbeeren, in Säcken: Brutto für Netto.
Birnen, kalifornische: Abladenettogewicht,
italienische: Abladenettogewicht,
Oporto: per Kiste von ca. 14 kg Netto,
in Säcken: Brutto für Netto.
Chillies, gestürzt: reine Tara,
ungestürzt: Durchschnitts-Tara.
Datteln, in Kisten, Matten oder Häuten: Durchschnitts-Tara.
Feigen, Sevilla und Malaga in Kisten: Tara 10 %,
Komadra und Malaga in Körben: Brutto für Netto,
Smyrna in Kisten: Tara 12 %,
in Säcken: Brutto für Netto.
Fliederbeeren, in Säcken: Brutto für Netto,
in Kisten: Durchschnitts-Tara.
Ingber, Bengal, in Säcken bis 65 kg Brutto: 1 kg Tara,
in Säcken über 65 kg: reine Tara,
Kochin, in Kisten und Säcken: Durchschnitts-Tara.
Kaneel, Durchschnitts-Tara.
Kaneelbruch: 1 kg per Sack.
Karobbe: Brutto für Netto.
Kardamon: reine Tara.
Kassia lignea, original: Durchschnitts-Tara,

[1] Die in diesem Anhang enthaltenen Bestimmungen für die Tara der einzelnen Artikel gelten nur für Platzgeschäfte. Bei Abladegeschäften gelten die Gebräuche des Abladeortes [vgl. Anm. 8 zu § 12].

geputzt: reine Tara,
Bruch in Matten: Durchschnitts-Tara,
Vera in Packen: Durchschnitts-Tara,
Flores, original: Durchschnitts-Tara,
bearbeitet: reine Tara.

Kerne, Aprikosen-, Pfirsich-, Haselnuß- in Säcken: Brutto für Netto, in Fässern: Faktura-Tara.

Bei Haselnußkernen, levantiner, sind nur Säcke von ca. 80 kg, spanischen und neapolitanischen nur solche von ca. 100 kg lieferbar.

Kirschen, getrocknete, in Säcken: Brutto für Netto,
in egalisierten Kisten: Abladenettogewicht,
in anderen Kisten und Fässern: Faktura-Tara.

Korinthen in Kisten und Fässern: Faktura-Tara,
in Säcken: Brutto für Netto,

Partien mit einem Durchschnittsgewicht von:
bei ganzen Kisten unter 60 und über 70 kg Netto,
bei halben Kisten unter 30 und über 40 kg Netto,
sind nicht lieferbar.

Kumin in Säcken: Brutto für Netto,
in Seronen: reine Tara.

Lakritzen: Faktura- oder reine Tara, nach Übereinkunft, 2 % Supertara für Blätter.

Lorbeerlaub in Ballen: Brutto für Netto.

Macis, -blüte und -nüsse in Kisten und Fässern: reine Tara.

Mandeln, in Ballen: Brutto für Netto,
in Seronen: Durchschnitts-Tara,
in Fässern und Kisten: reine Tara.

Bei Mallorca-Mandeln sind nur Säcke von ca. 125 kg lieferbar.

Nektarinen, kalifornische, in Kisten: Abladenettogewicht.

Nelken und Nelkenstiele, gestürzt: reine Tara,
ungestürzt: Durchschnitts-Tara.

Nüsse, in Säcken: Brutto für Netto.

Öl, Baum- und Speiseöl: Faktura-Tara.

Orangenschalen, getrocknete, in Seronen: 6 % Tara.

Pfeffer, schwarzer, in Säcken bis 70 kg Brutto: 1 kg Tara,
" " über 70 " " 1½ " "
Säcke über 75 kg Brutto sind nicht lieferbar.
Pfeffer, weißer, in Säcken bis 85 kg Brutto: 1 kg Tara,
" " über 85 " " 1½ " "
Säcke über 100 kg Brutto sind nicht lieferbar.
Pflaumen in Säcken: Brutto für Netto,
in egalisierten Kisten: Abladenettogewicht,
in anderen Kisten und Fässern: Faktura-Tara.
Pfirsiche, kalifornische in Kisten: Abladenettogewicht.
Piment, in Säcken: 1 kg Tara.
Rosinen, Elemes und Sultanas von Smyrna:
ganze Säcke von 50—60 Kilo: Brutto für Netto,
halbe Säcke von 25—30 Kilo: Brutto für Netto,
in ⅓ Kisten von 14—17 Kilo Netto: 10 % Tara,
in ¼ Kisten von 11—14 Kilo Netto: 10 % Tara,
in ⅕ Kisten von 9—11 Kilo Netto: 10 % Tara,
Malaga, Muskatels, in Fässern: 10 % Tara,
in Kisten: Abladenettogewicht,
Kalifornische Muskatels und Sultanas,
in Kisten: Abladenettogewicht,
Valencia und spanische Sultanas,
per 4/4 oder 8/8 Kisten von ca. 50,8 Kilo Netto,
Spanische Traubenrosinen,
per 1/1, 2/2 oder 4/4 Kisten von ca. 20 Kilo Netto.
Sämereien, Anis, Koriander, Fenchel, Kümmel, Hirse, Kanarien-, Mohn-, Lein-, Hanf-, Rübsaat in Säcken: Brutto für Netto.
Sago und **Tapioka** (Perlsago, Perltapioka, Flockentapioka, Graupentapioka, Sagomehl, Tapiokamehl),
in Säcken bis 85 kg Brutto: 1 kg Tara,
in Säcken über 85 kg Brutto 1½ kg Tara.
Säcke über 100 kg Brutto sind nicht lieferbar.
Sternanis, Durchschnitts-Tara.
Sukkade, Orangeat und **Citronat,** italienische: Tara 2 kg per Schachtel,
deutsche: reine Tara.

Anmerkung: Für Übersäcke wird Durchschnitts-Tara vergütet.

Schiedsgerichtsordnung.

§ 1.

Das Schiedsgericht ist zuständig für die Entscheidung aller Streitigkeiten aus Geschäften in Kolonialwaren und getrockneten Früchten, sowohl zwischen den Parteien des Geschäfts als auch zwischen einer Partei und dem vermittelnden Makler, sofern seine Zuständigkeit vereinbart ist.

Auf Antrag von Vereinsmitgliedern können auch Streitigkeiten aus Geschäften über andere Artikel durch das Schiedsgericht entschieden werden, sofern seine Zuständigkeit vereinbart ist und der Verwaltungsrat keine Bedenken hat.

§ 2.

Das Schiedsgericht besteht aus einem Vorsitzenden und zwei Beisitzern, und wenn der Wert des Streitgegenstandes *M* 10 000.— übersteigt und eine Partei dies beantragt, aus einem Vorsitzenden und vier Beisitzern. Diese werden von dem Vorsitzenden des Vereins aus den persönlich haftenden Inhabern, den Vorstandsmitgliedern oder Prokuristen der dem Verein angehörenden Firmen ernannt. Von der Ernennung ist den Parteien schriftlich Kenntnis zu geben.

§ 3.

Ein ernannter Schiedsrichter kann aus den in dem § 41 Z.P.O. genannten Gründen sowie wegen der Besorgnis der Befangenheit abgelehnt werden. Die Ablehnung hat unter genauer Angabe der Gründe unverzüglich, spätestens aber binnen drei Tagen nach der Mitteilung der Namen der Schiedsrichter zu erfolgen.

Über die Ablehnung entscheidet der Verwaltungsrat des Vereins endgültig und unter Ausschluß des Rechtsweges.

§ 4.

Falls ein Schiedsrichter mit Erfolg abgelehnt ist oder ein ernannter

Schiedsrichter die Übernahme des Amtes ablehnt oder an seiner Fortführung verhindert ist oder nachträglich von dem Amte zurücktritt, ernennt der Vorsitzende des Vereins an seiner Stelle einen anderen Schiedsrichter.

§ 5.

Der Antrag auf Entscheidung durch das Schiedsgericht ist bei der Geschäftsstelle des Vereins in doppelter Ausfertigung einzureichen. Er hat eine Darstellung des Streitverhältnisses, einen bestimmten Klageantrag, die Angabe des Wertes des Streitgegenstandes, soweit dieser sich nicht ohne weiteres aus dem Sachverhalt ergibt, und den Nachweis der Vereinbarung über die Zuständigkeit des Schiedsgerichts zu enthalten.

§ 6.

Liegt kein Grund zur Ablehnung des Antrages vor, so wird die Klage durch die Geschäftsstelle der beklagten Partei zugestellt. Die klagende Partei wird hiervon benachrichtigt.

§ 7.

Falls das Schiedsgericht nicht zuständig ist oder der Verwaltungsrat aus anderen Gründen die Entscheidung durch das Schiedsgericht nicht für angebracht hält, so lehnt der Verwaltungsrat den Antrag ab. Die antragstellende Partei ist hiervon unverzüglich schriftlich zu benachrichtigen. Einer Angabe der Gründe bedarf es nicht. Der antragstellenden Partei steht solchenfalls der ordentliche Rechtsweg offen.

§ 8.

Die beklagte Partei hat sich auf die Klage binnen einer Woche nach deren Zustellung schriftlich zu äußern. Die Äußerung ist wie alle für das Schiedsgericht bestimmten Schriftstücke in doppelter Ausfertigung einzureichen. Sie wird der klagenden Partei durch die Geschäftsstelle des Vereins zugestellt.

Will die klagende Partei sich ihrerseits auf die Klagebeantwortung äußern, so hat sie dies binnen einer Woche zu tun.

Der Schriftwechselverkehr zwischen den Parteien findet ausschließlich durch Vermittlung der Geschäftsstelle des Vereins statt. Ein mehr als zweimaliger Wechsel von Schriftstücken soll in der Regel nicht erfolgen.

Versäumt eine Partei die einwöchige Frist, so erfolgt keine besondere Mahnung. Es wird alsdann angenommen, daß die Partei schriftliche Ausführungen zur Sache nicht mehr zu machen beabsichtigt, und es kann ohne weiteres die mündliche Verhandlung anberaumt werden.

§ 9.

Das Schiedsgericht ist befugt, in jedem Stadium des Verfahrens die Fällung des Schiedsspruches abzulehnen, ohne daß es der Angabe von Gründen bedarf.

Geschieht dies, so steht den Parteien der ordentliche Rechtsweg frei.

§ 10.

Das Schiedsgericht kann die ihm erforderlich erscheinenden Beweise erheben. Es ist an keinerlei Beweisregeln gebunden. Das Schiedsgericht kann Zeugen und Sachverständige, die freiwillig vor ihm erscheinen, vernehmen oder durch einen beauftragten Schiedsrichter oder durch den Syndikus des Vereins vernehmen lassen. Es kann auch schriftliche Aussagen herbeiführen.

Das Schiedsgericht entscheidet darüber, ob eine Vernehmung oder Beeidigung von Zeugen oder Sachverständigen durch die ordentlichen Gerichte herbeigeführt werden soll.

§ 11.

Ehe das Schiedsgericht den Schiedsspruch fällt, findet eine mündliche Verhandlung statt. Diese kann unterbleiben, wenn die Parteien darauf verzichten.

Erscheint eine Partei trotz Ladung zu der mündlichen Verhandlung nicht, so kann das Schiedsgericht seinen Spruch auf Grund des Akteninhalts fällen.

§ 12.

Eine Partei, die für den Fall des für sie ungünstigen Ausganges des Rechtsstreites einen Anspruch auf Gewährleistung oder Schadloshaltung gegen einen Dritten erheben zu können glaubt oder den Anspruch eines Dritten besorgt, kann bis zur mündlichen Verhandlung oder, im Falle sie auf eine solche verzichtet, bis zur Abgabe der Verzichterklärung dem Dritten den Streit verkünden. Der Dritte ist zu einer weiteren Streitverkündigung berechtigt.

Der § 68 Z.P.O. kommt in solchen Fällen zur Anwendung, in denen zwischen der streitverkündenden Partei und dem Dritten ebenfalls die Zuständigkeit des Schiedsgerichts vereinbart ist.

In keinem Falle kann in demselben Verfahren auch gegen den Streitverkündeten erkannt werden. Vielmehr muß gegen diesen stets ein eigenes Verfahren eingeleitet werden und ein besonderer Schiedsspruch ergehen.

§ 13.

Das Schiedsgericht entscheidet mit einfacher Stimmenmehrheit. An seinen Verhandlungen nimmt der Syndikus des Vereins, der zugleich das Amt eines Schriftführers übernimmt, mit beratender Stimme teil.

§ 14.

Der Schiedsspruch ist von allen Schiedsrichtern zu unterschreiben. Er ist mit Gründen zu versehen. Ihr Fehlen gibt jedoch keinen Anspruch zur Anfechtung der Rechtsgültigkeit des Schiedsspruches.

§ 15.

Der Schiedsspruch wird den Parteien in einer von dem Syndikus des Vereins beglaubigten Ausfertigung zugestellt.

Eine Zustellung und Hinterlegung des Schiedsspruches gemäß § 1039 Z.P.O. findet nur statt, wenn eine der Parteien dies beantragt.

§ 16.

Nach der Zustellung des Schiedsspruches gemäß § 15 Abs. 1 kann der Schiedsspruch durch das Schiedsgericht nicht mehr abgeändert werden. Doch kann eine Ergänzung oder Berichtigung im Sinne der §§ 319, 320 und 321 Z.P.O. stattfinden.

§ 17[1]).

Über die Kosten des Verfahrens und deren Verteilung auf die Parteien entscheidet das Schiedsgericht in seinem Schiedsspruch.

Die Kosten betragen, abgesehen von dem Ersatz barer Auslagen, wie z. B. vom Schiedsgericht anerkannter Vergütungen an Zeugen und Sachverständige, 3 % vom Streitwert, mindestens jedoch 20.— und höchstens 300 Goldmark.

---

[1]) Beschluß der allgemeinen Mitgliederversammlung vom 23. September 1923.

Bei Streitigkeiten über Beträge in fremden Valuten wird der Streitwert nach dem Durchschnittskurs der Hamburger Börse am Tage der Urteilsfällung in Mark umgerechnet.

Bei der Besetzung des Schiedsgerichts mit 5 Schiedsrichtern erhöhen sich die Sätze um die Hälfte.

Klagt eine Firma vor dem Schiedsgericht, die in das hamburgische Handelsregister eingetragen ist oder regelmäßig die hamburgische Börse besucht und nicht Mitglied des Vereins ist, gegen eine dem Verein angehörende Firma, so erhöhen sich die vorstehend genannten Kosten um die Hälfte. Der Mehrbetrag ist auch dann von der klagenden Partei zu tragen, wenn sie in dem Streit obsiegt.

Sind sowohl die klagende als auch die beklagte Partei in das hamburgische Handelsregister eingetragen oder regelmäßige Besucher der hamburgischen Börse, ohne Mitglied des Vereins zu sein, so erhöhen sich die Kosten um das Doppelte.

Wird das Verfahren durch Vergleich, Anerkenntnis oder Zurücknahme der Klage erledigt, so betragen die Kosten, wenn die Erledigung erfolgt, ehe die Ladungen zur mündlichen Verhandlung ergangen sind, ein Viertel, andernfalls die Hälfte des sonst zur Erhebung kommenden Betrages.

Etwaige Anwaltskosten trägt jede Partei selbst.

§ 18.

Wird ein Schiedsspruch von einem ordentlichen Gericht aus anderen als den in den Ziffern 1 und 2 des § 1041 Z.P.O. genannten Gründen aufgehoben, so ist das Schiedsgericht auch für das erneute Verfahren zuständig.

§ 19.

Der Verwaltungsrat ist ermächtigt, die von den Schiedsrichtern erlassenen Schiedssprüche unter Fortlassung der Namen der Parteien zu veröffentlichen.

Bestimmungen über die Qualitäts-Feststellungen.

§ 1.

Feststellungen über die Beschaffenheit von Kolonialwaren und getrockneten Früchten, insbesondere darüber, ob Waren dieser Arten der vertragsmäßigen Beschaffenheit entsprechen oder welchen Minderwert sie haben, erfolgen bei Streitigkeiten zwischen Vereinsmitgliedern ausschließlich und endgültig durch Vereinssachverständige nach Maßgabe nachfolgender Bestimmungen. Zuständigkeit.

Derartige Feststellungen können in gleicher Weise auf Antrag von Vereinsmitgliedern bei Streitigkeiten zwischen diesen und anderen und auf Antrag auswärtiger Parteien bei Streitigkeiten mit Vereinsmitgliedern erfolgen, wenn

1. die Parteien im Vertrage diese Erledigung etwaiger Streitigkeiten über die Beschaffenheit der Ware vereinbart haben,
2. die Parteien gemeinschaftlich einen bezüglichen Antrag an den Vorsitzenden des Vereins richten, mit der Erklärung, die Entscheidung der Sachverständigen als endgültig ansehen zu wollen.

Anträgen Auswärtiger darf nur stattgegeben werden, wenn sie einen vom Verwaltungsrat oder seinen Bevollmächtigten zu bemessenden Kostenvorschuß einzahlen oder ein Vereinsmitglied die Haftung für die Kosten übernimmt.

§ 2.

Der Verwaltungsrat stellt für jedes Vereinsjahr eine Liste der Personen auf, aus denen die Sachverständigen zu entnehmen sind. In die Liste der Sachverständigen können nicht nur Inhaber oder Vorstandsmitglieder, sondern auch Prokuristen aufgenommen werden. Über den Entwurf der Liste ist den Vereinsmitgliedern Gelegenheit zur Äußerung zu geben. Die Liste ist auf der Geschäftsstelle zur Einsichtnahme für die Vereinsmitglieder bereit zu halten. Dem Verwaltungsrat steht die Vervollständigung der Liste jederzeit zu.

§ 3.

Ernennende Vorstands-mitglieder.

Der Verwaltungsrat ernennt für jeden Monat aus seiner Mitte zwei Mitglieder und zwei Stellvertreter, welche täglich auf die eingehenden Anträge die Sachverständigen zu ernennen haben.

§ 4.

Antrag.

Anträge auf Qualitätsfeststellungen sind der Geschäftsstelle des Vereins, und zwar in zwei Ausfertigungen, einzureichen.

Jedes der Antragsformulare soll enthalten:

1. die Angabe der zu besichtigenden Waren, nach Gattung, Art, Menge, eventuell Qualität, Marken usw.,
2. die Angabe des Ortes, wo die Ware lagert, eventuell des Schiffes, aus dem sie gelöscht werden soll,
3. die Angabe derjenigen Sachverständigen, welche, weil an dem fraglichen Geschäft beteiligt, von der Ernennung auszuschließen sind,
4. die Angabe, ob bereits früher, durch Sachverständige oder andere, eine Begutachtung der Ware stattgefunden hat,
5. die genaue Angabe der Fragen, welche von den Sachverständigen beantwortet werden sollen.
6. die Angabe, ob die Ware von den Sachverständigen im Stück zu besichtigen ist oder ob die Begutachtung nach Proben erfolgen soll,
7. die Unterschriften sämtlicher an der Arbitrage beteiligter Parteien. Sind mehr als zwei Parteien an der Arbitrage beteiligt, so müssen die Unterschriften in der Reihenfolge, in welcher die Parteien als Käufer oder Verkäufer aufeinander bei der Lieferung folgen, untereinander gesetzt werden, dergestalt, daß der letzte Käufer an erster Stelle und der erste Verkäufer an letzter Stelle steht. Verweigert eine Partei ihre Unterschrift, so hat die andere Partei dies auf dem Antrage zu vermerken.

Soll die Begutachtung nach Proben erfolgen, so sind diese von den streitenden Parteien gemeinschaftlich zu ziehen und mit dem Antrage versiegelt einzureichen.

§ 5.

Ernennung der Sachverständigen.

Hält das ernennende Mitglied des Verwaltungsrats den Antrag überhaupt oder angebrachtermaßen für unzulässig, so veranlaßt es dessen umgehende Rückgabe an den Antragsteller unter kurzer Angabe des Grundes. Anderenfalls ernennt das Vorstandsmitglied aus der im § 2 erwähnten Liste zwei Sachverständige, welche auf jedem der beiden Antragsformulare zu vermerken sind. Der Antragsteller hat beide Antragsformulare von der Geschäftsstelle abzuholen und sich mit den Sachverständigen, unter Übergabe beider Antragsformulare an dieselben, in Verbindung zu setzen.

§ 6.

Beschleunigung.

Das Verfahren ist tunlichst zu beschleunigen. Anträge, welche bis um 12 Uhr vormittags eingereicht werden, sollen in der Regel nach der Börse desselben Tages auf der Geschäftsstelle zur Abholung bereit sein und möglichst von den Sachverständigen im Laufe des nächsten Tages erledigt werden.

§ 7.

Die Sachverständigen haben gemeinsam die Ware bzw. die Proben persönlich zu besichtigen. Ist eine Firma als Sachverständige ernannt, so hat einer der Inhaber oder ein Prokurist der Firma die Besichtigung auszuführen.

§ 8.

Dritter Sachverständiger.

Wenn die beiden Sachverständigen sich nicht einigen können, so haben sie die Ernennung eines dritten Sachverständigen zu beantragen. Die Ernennung desselben erfolgt in gleicher Weise, wie diejenige der beiden anderen Sachverständigen. Die drei Sachverständigen haben gemeinsam die Ware bzw. die Probe von neuem zu besichtigen und, eventuell durch Abstimmung, ein Gutachten festzustellen, welches von allen dreien zu unterzeichnen ist.

§ 9.

Verfahren der Sachverständigen.

Die Sachverständigen haben zwei von ihnen beiden zu unterzeichnende gleichlautende Gutachten auszufertigen und je eines derselben unter Beifügung eines der Antragformulare an den ersten Verkäufer und den letzten Käufer zuzustellen. Auf dem Gutachten muß die Höhe der Sachverständigengebühren vermerkt sein.

§ 10[1]).

Gebühren.

Für Warenbesichtigungen und Erteilung schriftlicher Gutachten über deren Ergebnis steht jedem Besichtiger, auch dem etwa hinzugezogenen Obmann, außer Erstattung etwaiger barer Auslagen folgende Gebühr zu:

1. Bei Warenposten 3/8 % vom Werte, jedoch mindestens 20.— und höchstens 50.— Goldmark.

   Der Berechnung der Gebühr ist der Wert der Ware, in dem Zustande, in dem sie zur Besichtigung vorgelegt ist, zugrunde zu legen. Ist indessen die Ware beschädigt und die Feststellung ihres Wertes in unbeschädigtem Zustande erforderlich, so ist dieser Wert maßgebend; bei außerordentlich stark beschädigter Ware wird der Wert mit mindestens 50 % des Grundwertes angerechnet.

2. Bei Besichtigungen von Warenproben, die dem Sachverständigen vorgelegt werden, die Hälfte der zu 1. angegebenen Sätze, also mindestens 10.— und höchstens 25.— Goldmark.

3. Bei Preisfestsetzungen 20.— Goldmark.

Wenn in einzelnen Fällen die Sachverständigentätigkeit einen außergewöhnlichen Aufwand an Zeit und Mühe erfordert, so können die Sachverständigen eine höhere Vergütung beanspruchen.

Streitigkeiten über die Gebührenberechnung entscheidet der Verwaltungsrat endgültig. Derselbe ist auch befugt, wenn in einzelnen Fällen die Besichtigung einen außergewöhnlichen Aufwand an Zeit und Mühe erfordert, nach Anhörung der Parteien den Besichtigern eine höhere, als die nach vorstehendem sich ergebende Gebühr zuzusprechen.

Die Gebühren sind, außer dem in § 5 Absatz 2 erwähnten Falle, von der unterliegenden Partei, eventuell nach Entscheidung der Sachverständigen anteilig von den Parteien, binnen acht Tagen nach Zustellung des Gutachtens zu entrichten.

Hat der Käufer eine ihm vom Verkäufer vor der Arbitrage ange-

[1]) Beschluß der allgemeinen Mitgliederversammlung vom 13. März 1924.

botene Vergütung abgelehnt, so fallen ihm die Gebühren zur Last, falls der von den Sachverständigen erkannte Minderwert nicht über den Betrag der vom Verkäufer angebotenen Vergütung hinausgeht.

Der Betrag der Gebühren und Auslagen sowie deren Verteilung auf die Parteien sind auf dem Gutachten zu vermerken.

Der Antragsteller ist auf bezügliche Aufforderung zur Zahlung auch der der Gegenpartei auferlegten Gebühren verpflichtet, falls diese dieselben nicht zahlt.

Inhalt.

Wortverzeichnis.

Die Zahlen bezeichnen die Paragraphen, die gehobenen Zahlen die Anmerkungen. Die mit einem S versehenen Zahlen verweisen auf Seitenzahlen.

FSC
www.fsc.org
MIX
Papier | Fördert gute Waldnutzung
FSC® C083411

Kolibri 360 GmbH
Ferdinand-Jühlke-Straße 7
99095 Erfurt, Deutschland
produktsicherheit@kolibri360.de